# A Gratidão transforma A SUA SAÚDE

**Marcia Luz**

DVS EDITORA

www.dvseditora.com.br
São Paulo, 2017

# A Gratidão Transforma
a Sua Saúde

Copyright© DVS Editora 2017
Todos os direitos para a território brasileiro reservados pela editora.

Nenhuma parte deste livro poderá ser reproduzida, armazenada em sistema de recuperação, ou transmitida por qualquer meio, seja na forma eletrônica, mecânica, fotocopiada, gravada ou qualquer outra, sem a autorização por escrito do autor.

*Contato:* contato@marcialuz.com.br / www.marcialuz.com

*Capa:* Marina Avila
*Diagramação:* Spazio Publicidade e Propaganda

---

Dados Internacionais de Catalogação na Publicação (CIP)
(Câmara Brasileira do Livro, SP, Brasil)

Luz, Marcia
  A gratidão transforma a sua saúde / Marcia Luz. -- São Paulo : DVS Editora, 2017.

  Bibliografia.
  ISBN: 978-85-8289-148-3

  1. Corpo e mente 2. Emoções 3. Equilíbrio 4. Gratidão (Psicologia) 5. Saúde I. Título.

17-03492　　　　　　　　　　　　　　　　CDD-158.1

Índices para catálogo sistemático:

1. Gratidão : Desenvolvimento pessoal : Psicologia aplicada    158.1

Dedico este livro ao Dr. José Osni Brüggemann Jr., médico pediatra e anjo protetor de meus 3 filhos; a Rosane Lorena Müller-Granzotto, terapeuta que me ajudou a descobrir um Universo de possibilidades em minha vida; e a Galvani Luppi, responsável pelo despertar de minha consciência.

# Agradecimentos

Um livro é sagrado demais para ser construído sozinho. Desta vez pude contar com o apoio de pessoas muito valiosas. São elas:

- » Minha família, que apoia incondicionalmente as loucuras que invento;
- » Minha equipe de trabalho, que é capaz de sonhar grandes sonhos junto comigo;
- » A melhor e mais especial audiência do mundo, que participa de meus cursos, assiste e compartilha meus vídeos no YouTube, e comenta e curte meus *posts* no facebook;
- » Marina Ávila, que permite que o conteúdo dos meus livros já comece a ser apresentado na capa;
- » A equipe da DVS Editora, que acredita em cada um de meus sonhos de transformar o mundo num lugar melhor para se viver.

Peço a Deus, eterna fonte de bênçãos e generosidade, que ilumine a vida de cada um de vocês!

# Índice

## Primeira Parte
### Compreendendo porque você adoece
1

O que é a doença ..................................................................... 3
Porque os sintomas aparecem ................................................. 9
As duas faces de uma mesma moeda ..................................... 17
Como surgem as doenças ....................................................... 25

## Segunda Parte
### Descubra o significado dos sintomas das doenças
39

Compreendendo a relação das emoções
com as partes do corpo afetadas ............................................ 41
O corpo e sua correlação com as emoções ............................ 47
Relação de doenças e suas correlações psíquicas .................. 61

# Terceira Parte
## A jornada da gratidão pela saúde
### 93

Como a gratidão pode curar sua vida ................................. 95
Comece agora a jornada da saúde ................................. 105

**Dia 1:** O Caderno da Gratidão pela Saúde ....................... 111
**Dia 2:** Eu sou... ........................................................ 115
**Dia 3:** Minhas qualidades .......................................... 117
**Dia 4:** Frente a frente com você ................................. 121
**Dia 5:** Descarte de mensagens negativas ...................... 125
**Dia 6:** Modifique padrões de pensamento ..................... 129
**Dia 7:** Eu me comprometo a progredir ......................... 133
**Dia 8:** Treine sua mente ........................................... 137
**Dia 9:** Eu escolho acreditar em meus progressos ............ 141
**Dia 10:** É hora de relaxar .......................................... 143
**Dia 11:** Problemas são oportunidades de crescimento ...... 147
**Dia 12:** Liberte-se do passado .................................... 151
**Dia 13:** Somos todos inocentes ................................... 155
**Dia 14:** Você também é inocente ................................. 159
**Dia 15:** Livre-se dos ressentimentos ............................ 161
**Dia 16:** A glândula da alegria ..................................... 165
**Dia 17:** Restabeleça o equilíbrio por meio da respiração ... 169
**Dia 18:** Exercício da "melequinha" .............................. 173

**Dia 19:** Ativação glandular..................................................177

**Dia 20:** Cure sua criança interior...............................................181

**Dia 21:** Converse com sua criança interior............................. 185

**Dia 22:** É hora de brincar................................................189

**Dia 23:** Expressão pelo desenho...................................193

**Dia 24:** Um presente especial ..................................... 195

**Dia 25:** Dia da alegria............................................... 197

**Dia 26:** Fortaleça sua criança interior........................... 199

**Dia 27:** A cura libertadora............................................ 201

**Dia 28:** Livre-se dos entulhos ...................................205

**Dia 29:** Eu me aprovo .............................................209

**Dia 30:** Construa novos diálogos internos ....................... 211

**Dia 31:** Eu sou merecedor ...........................................215

**Dia 32:** Eu me amo...............................................217

**Dia 33:** Abro-me para as bênçãos da vida............................. 219

**É hora de recomeçar** ............................................. 223

**Bibliografia consultada**................................................ 227

**Glossário** ...............................................................229

" O problema raramente
é o verdadeiro problema. "

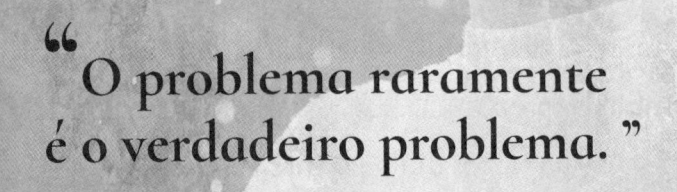

–Louise Hay

# Primeira Parte

# Compreendendo porque você adoece

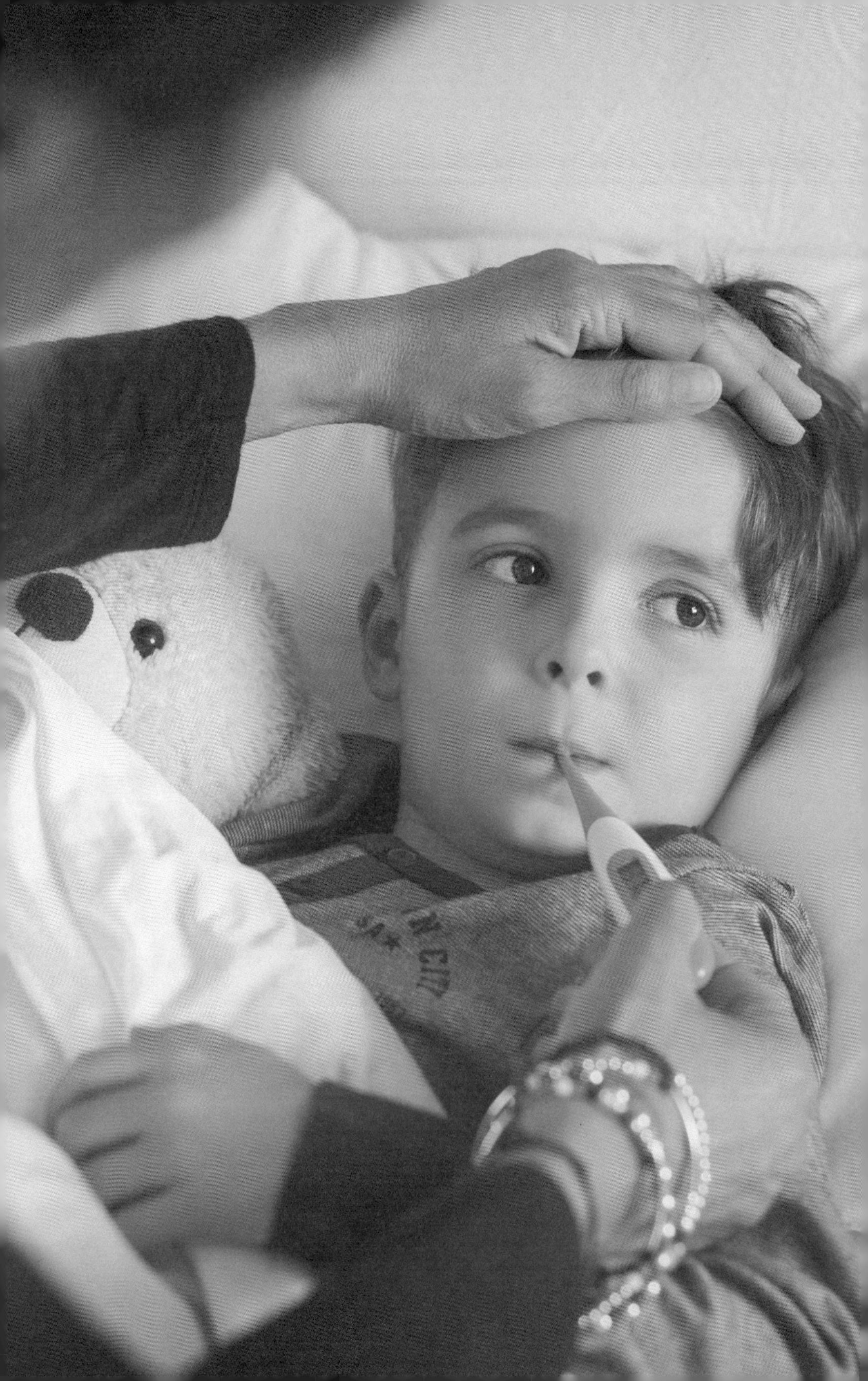

# O que é a doença

É is uma belíssima pergunta para se iniciar um livro que se propõe a auxiliá-lo no restabelecimento de sua saúde. Imagino que se você o tem em mãos, é porque busca uma boa resposta para ela. E o que é a doença, então?

Antes de respondê-la, gostaria de deixar claro que não vou aqui descrever as doenças como as conhecemos, tampouco as suas consequências para o corpo, a não ser que seja necessário. Isso você encontra em manuais médicos, ou numa simples pesquisa na internet.

O que quero apresentar aqui são as causas mais profundas do que chamamos de "doenças". Diferente do que se prega na medicina tradicional, que foca a origem e o tratamento da doença como uma disfunção somente no corpo, entre seus órgãos, suas glândulas, seu sistema de defesa, suas células, quero trazer uma visão mais profunda. O que chamamos de "doenças" tem origem *anterior* à manifestação dessas disfunções ou desses sintomas.

*As doenças têm origem nas nossas emoções mal administradas.*

Visto assim, e aprofundando um pouco mais, não existem "doenças" no plural. Existe uma só "doença", que significa a quebra de equilíbrio interno – o rompimento da harmonia entre corpo e mente.

Portanto, doença é *a perda do equilíbrio interno entre corpo e mente, causado por emoções mal administradas.*

## Quem é responsável pela doença?

Esta deve ser a pergunta que você está se fazendo agora. Foi a mesma que fiz há anos, e precisei pesquisar um bom tempo para compreender perfeitamente a resposta.

Você pode estar imaginando que existem inúmeros responsáveis pela doença, tais como:
- » Um agente externo (um vírus, uma bactéria, substâncias tóxicas, o clima).
- » Uma predisposição familiar para determinada doença.
- » O estresse causado pela rotina.
- » Emoções que fulano ou sicrano lhe causaram.
- » Má alimentação.
- » Outros.

Todos esses itens podem ser fatores desencadeadores do aparecimento do sintoma, no entanto nenhum deles pode ser responsabilizado pelo surgimento da doença. Existe uma origem única, maior do que isso tudo isso. Talvez provoque um pouco de estranheza o que vou dizer agora, mas

## O único responsável por sua doença é o próprio doente

Como assim Marcia Luz? Então você está me dizendo que o doente é o culpado pelos males que o afligem?

Vamos lá. Não falei de culpa e sim de responsabilidade. O objetivo não é crucificar o doente, mas compreender que ele faz escolhas que o levam a adoecer.

É claro que eu sei que as pessoas *nunca* escolheriam ficar doentes, ter um câncer, uma artrose, uma úlcera, uma psoríase. Acontece que essas escolhas não são assim tão conscientes. Realmente, não imagino ninguém em seu juízo perfeito pedindo a Deus ou ao Universo, como num *"delivery"*:

"Por favor, gostaria de contrair uma úlcera para o mês que vem" ou "solicito uma alergia urgente, para hoje mesmo".

Ah, também posso quase escutar você falando: "mas se eu fiquei nervoso, triste, magoado, irritado, desequilibrado, estressado foi por causa de fulano (o patrão, o marido, a esposa, os filhos, o vizinho) que me causou esse incômodo. Então a culpa é dele"!

Mais uma vez insisto que culpar alguém não resolve o problema. Qualquer pessoa que tenha feito algo para – ou com – você não tem responsabilidade nenhuma quanto ao aparecimento de sua doença.

De nada ajuda você se colocar na posição de vítima, seja dos acontecimentos que ocorrem à sua volta, seja de sua própria doença.

Que tal substituir esse sentimento de "ser vítima" de alguém ou de alguma situação, pelo conhecimento e pela compreensão dos motivos que te levam a ficar doente?

E vou mais além: mostrarei, mais adiante, como recuperar o equilíbrio entre corpo e mente, ao longo de nossa jornada da Gratidão.

Não espere de mim receitas de unguentos, pomadas ou chás milagrosos. O que se manifesta no corpo é somente um reflexo de tudo o que você sentiu e não conseguiu expressar. Os sintomas servirão apenas como guias para você entender a causa original do que chamamos de doença; daquilo que está se manifestando em seu corpo.

Conversaremos mais sobre isso no próximo capítulo. Vem comigo.

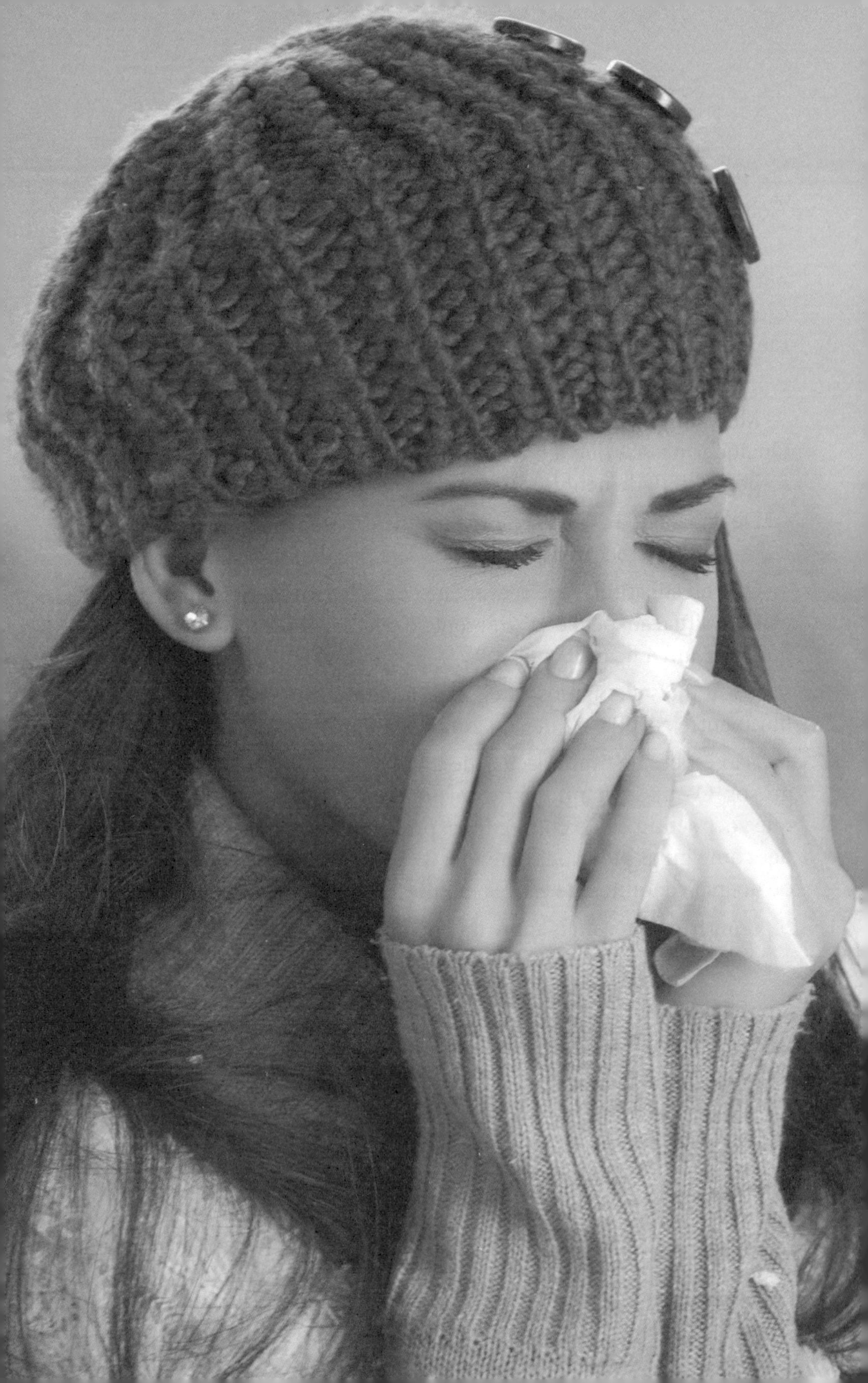

# Porque os sintomas aparecem

Os sintomas são manifestações de escolhas erradas que aparecem em nosso corpo em forma de doenças. Costumo dizer que os sintomas são nossos maiores aliados, pois eles nos sinalizam o que está errado conosco.

Em outras palavras, *os sintomas aparecem para nos mostrar onde estamos em desequilíbrio, e o que precisamos consertar dentro de nós.*

Imagine uma lâmpada que começa a piscar mesmo com o interruptor desligado. Pode ser que de início você credite isto a um mal contato entre a lâmpada e o soquete em que ela está enroscada. Você tira a lâmpada do soquete e volta colocá-la. O problema continua. Aí você desconfia da lâmpada e experimenta substituí-la, mas o problema persiste. Você acha então que a culpa está no interruptor. Abre o interruptor, mexe nos fios, vê que tudo está conectado direitinho, mas, por segurança, refaz as conexões elétricas. Para sua surpresa, a lâmpada continua piscando mesmo com o interruptor desligado! Aí você pensa: "opa... tenho que refazer a fiação, isso parece um curto circuito"!

Convenhamos: você pode até desenroscar a lâmpada e proibir o uso daquele ponto de luz. É cômodo e conveniente, mas o curto-circuito continua ali. Ele pode causar um incêndio em sua casa. Você pode não gostar, mas, no mínimo, terá de trocar a fiação; agora, se for muito sério, será preciso até quebrar uma parede. Porém, se cuidar do problema *em sua origem*, poderá ter sua rede elétrica toda funcionando bem, sem correr riscos de uma tragédia anunciada.

Um sintoma que aparece é como a lâmpada piscando do exemplo acima. Tentamos diminuir o incômodo com um remédio para a dor, a coceira, a inflamação, a depressão, mas ele é tão eficaz quanto tirar a lâmpada do soquete. Você sente um alívio momentâneo, mas o "curto-circuito" continua lá. O desequilíbrio continua sem ser resolvido.

Você não deixaria pegar fogo na sua casa apenas por não querer quebrar uma parede, não é? Então imagino que esteja disposto a "quebrar algumas paredes", olhar dentro de sua mente e ver o que está causando "curto-circuito" em você.

Vou te ensinar a detectar o que está acontecendo com você e oferecer ferramentas para consertar esses "pontos problemáticos." Você vai adquirir conhecimentos sobre como o corpo se manifesta e por qual motivo, o que vai liberá-lo do papel de vítima, fazendo-o sentir-se responsável por sua própria saúde.

A princípio parece meio desconfortável saber que é você que escolhe ter saúde ou adoecer; por outro lado é empoderador, pois o controle de sua vida retorna para suas mãos.

E onde está essa "fiação em curto-circuito" em nosso corpo? Que "paredes" temos de quebrar, ou "fios" precisamos trocar? A fiação está representada por nossos *pensamentos e nossas crenças*; as paredes são os *hábitos* que se formaram a partir destas crenças, milhares de vezes repetidas, que se tornaram *verdades* para nós.

## Entendendo nosso "curto-circuito" interno

Nossos pensamentos e nossas crenças – que geram hábitos – são o motivo de estarmos doentes. Esses pensamentos e essas crenças funcionam como programações, que usamos para agirmos em nosso dia a dia.

E de onde vem essas programações? Nós as recebemos na infância, desde nossos primeiros dias de vida, daqueles que nos criaram ou foram para nós como "mestres": pais, avós, tios, irmãos mais velhos, professores etc. Elas também vem do meio em que vivemos. Um exemplo simples: se você vive na cidade, vai andar de roupa, mesmo que esteja o maior calor, certo? Isso não acontece em muitas aldeias indígenas, ainda nos dias de hoje, porque as programações de "como se vestir num dia de calor" são diferentes.

Nem tudo o que recebemos ou vivenciamos irá causar "curto-circuito". Existe um termo para essas programações que nos atrapalham: *crenças limitantes*.

Crenças limitantes são programações que se instalaram na infância, quando você ainda não tinha condições de analisar ou contestar a veracidade do que recebia. Elas trabalham automaticamente, quando situações semelhantes acontecem. Vou dar um exemplo. Digamos que uma criança de 2 anos jogou a comida que não queria no chão, pois na verdade queria comer o bolo gostoso que viu esfriando em cima do fogão. A mãe a castiga, gritando: "nenê feio! Você fez pirraça, e não vai comer o bolo, você não merece"!

A cena fica registrada, e se acontecerem mais situações semelhantes com esse tipo de mensagem: "feio, pirraça, você não merece" essa pessoa crescerá com duas possibilidades: "já que eu sou feio e não mereço nada de bom, vou fazer tudo errado mesmo" ou " tenho que ser bonitinho e agradar para poder receber o que há de bom na vida."

De uma forma ou de outra, essa pessoa tem uma imagem de si mesmo como uma pessoa "feia e má", pois foi isso que escutou repetidas vezes das pessoas mais importantes para ela.

Como isso pode se manifestar mais tarde, pela perspectiva emocional? As crenças limitantes acabam se manifestando de algumas formas básicas:

- » medo de se arriscar, de não agradar, de viver.
- » baixa autoestima ou falta de amor próprio.
- » carência emocional ou de amor de terceiros.
- » crítica e exigência direcionada a si mesmo ou aos outros.
- » desânimo, falta de vontade de viver.
- » agressividade contra os outros ou contra si mesmo.

Entretanto, manifestar essas emoções de maneira franca no convívio familiar e social não torna a pessoa agradável. Na tentativa de esconder esses sentimentos, nosso inconsciente muitas vezes os abafa.

Nesse momento podem surgir dores, alergias, inflamações, entre outros sintomas, manifestando assim aquelas emoções que não admitimos, não expressamos ou não queremos enfrentar.

## Consertando essas programações erradas

Podemos aprender durante toda a nossa vida. E a boa notícia é que também podemos "consertar" essas programações erradas que trouxemos de nossos primeiros anos de vida, através da jornada iniciaremos na terceira parte deste livro.

Antes que passe por sua cabeça culpar os pais, cuidadores ou mestres, e colocar-se novamente como vítima, preciso dizer algo simples, óbvio e verdadeiro: todos eles foram crianças também.

Ou seja, eles também receberam programações, que seguiram inconscientemente ao longo de suas vidas como crenças e verdades. Estas se tornaram hábitos. Eles passaram a você exatamente o que aprenderam como "correto". Ou seja, não há vítimas ou culpados. Somos todos inocentes.

Sabemos que essas programações mentais estão sendo passadas de pais para filhos, há muitas gerações, desde uma época em que o ambiente era muito mais hostil e sua mente precisava protegê-lo a fim de garantir sua sobrevivência.

A boa notícia é que, com o exercício da Gratidão diária, você pode desvencilhar-se de crenças que te prejudicam, e reforçar aquelas que te favoreçam, nessa busca por uma vida plena e saudável. Pense nisso como uma caderneta de poupança que você está abrindo hoje, e que beneficiará todas as suas futuras gerações, criando uma corrente que favorecerá seus filhos e netos.

Já adianto que tudo o que te favorece tem a ver com **amor por si mesmo, amor pelo próximo e gratidão**. Com esses alicerces reforçados, a partir de hoje, podemos continuar nossa lição.

Livrar-se de crenças ruins não significa que você vá amar menos ou desrespeitar seus pais, mestres e ancestrais. Fique tranquilo. Você ganhará um entendimento mais amplo, que lhe permitirá aceitar como eles foram. Isso também o deixará livre para ser quem você *realmente é*.

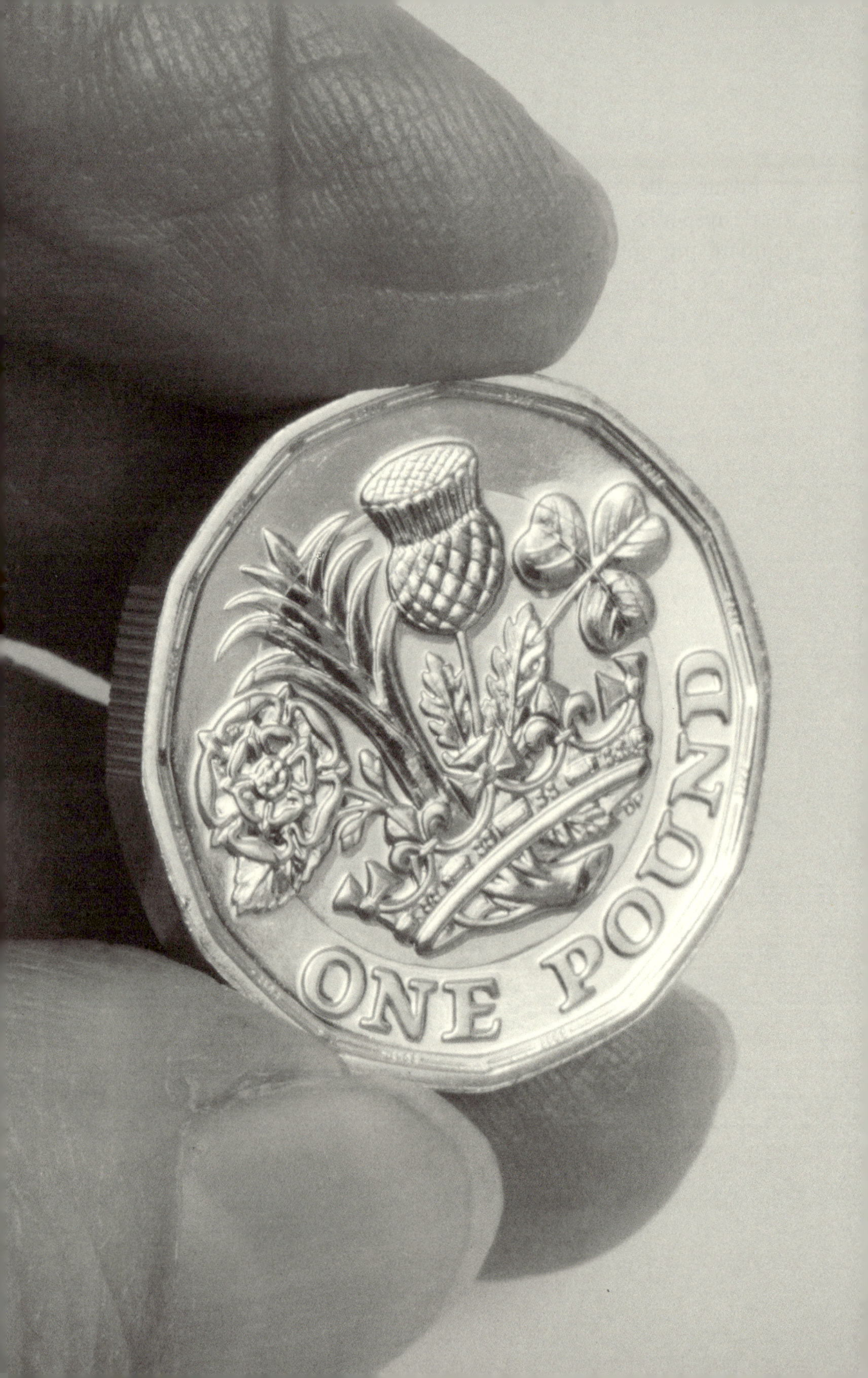
ONE POUND

# As duas faces de uma mesma moeda

Uma moeda sempre tem duas faces: uma com seu valor de troca (10 centavos, 50 centavos, 1 real), que é a "coroa"; a outra mostrando qual instituição "banca" o valor que essa moeda possui (o Banco Central), a "cara".

Se eu pudesse fabricar uma moeda com uma coroa de "1 luzeiro" e com a cara exibindo o meu rosto, você acha que poderia comprar alguma coisa com ela? Obviamente que não! Eu não tenho "lastro" para oferecer, ou seja, eu não tenho o Tesouro Nacional atrás de mim garantindo que todas as moedas fabricadas tenham o equivalente em barras de ouro, por exemplo.

Uma pessoa que se mostra confiante, orgulhosa e cheia de superioridade, mas vive doente, é como o meu "luzeiro": internamente ela não tem as forças que tanto gosta de ostentar. A "cara" que validaria o seu valor está na bancarrota: seu mundo interno é cheio de autocrítica, raiva de si mesma, baixa autoestima e medo.

Essa "coroa" falida é o que chamamos de nosso *lado sombra*.

## E o que é a "sombra"?

A sombra é tudo aquilo que negamos em nós mesmos; tudo o que consideramos como qualidades/emoções negativas, que possam nos provocar vergonha, causar repulsa ou nos afastar dos outros. Guardamos nossa sombra a sete chaves, e temos um medo enorme de nos depararmos com ela.

A filha de uma de minhas alunas vinha sofrendo *bullying* de um coleguinha da escola, e numa ocasião, este a fez passar vergonha em frente aos outros estudantes. A menina voltou para casa normalmente, não contou nada à mãe, mas no meio da tarde teve um súbito mal

-estar, com dificuldade para respirar. Levada ao pronto socorro, o médico disse que a menina tinha bronquite.

A mãe estranhou o diagnóstico, pois sua filha nunca havia tido problemas respiratórios. Porém acatou o que foi falado e iniciou o tratamento como recomendado. Ainda assim, após dois dias, e afastada da escola, a menina não melhorava.

Minha aluna desconfiou que pudesse haver aí uma origem emocional, e veio me perguntar se existia possibilidade de isso acontecer. Eu expliquei-lhe que sim, e a orientei a perguntar para a filha se havia acontecido algo que a fizesse ficar magoada ou com raiva. Também a orientei com os procedimentos seguintes, se fosse esse o caso.

Ela conseguiu conversar com sua menina, que lhe falou sobre o que o coleguinha havia feito. Minha aluna então perguntou se ela havia respondido para o garoto, e ela disse que não, pois não queria ser malcriada nem má. Mas confessou, chorando, que teve vontade de bater nele.

Conforme minha orientação, minha aluna conversou com a filha, dizendo que não havia mal algum em ficar com raiva do colega. Sugeriu então que ela "fizesse de conta" que falava para o colega tudo o que estava sentindo. A menina concordou.

Pegaram um travesseiro, e a pequena desabafou para o "colega" tudo o que estava sentindo: raiva, vergonha, tristeza. Disse que tinha vontade de bater muito nele! Minha aluna, falou que ela podia bater no travesseiro, e a menina assentiu. Descarregou toda sua raiva ali. Ao terminar, sentiu-se aliviada, e sua "bronquite" melhorou. Sabe por que?

Porque essa menina *aceitou* a raiva, a vergonha e a tristeza que estavam dentro dela. Ela aceitou a vontade de bater no coleguinha. Colocou para fora o que achava feio e não aceitável, o seu "lado sombra" e assim a cura teve espaço para acontecer.

## Alguns motivos para aceitar o lado sombra

Na vida, tudo é feito de contrastes: só sabemos o que é bom se conhecemos o que é ruim; só existe luz se houver o escuro; só ocorre o relaxamento se houver tensão. Mesmo no nosso corpo isso acontece. Você não consegue inspirar e ficar sem expirar; comer sem depois excretar; ficar acordado e não dormir. Quando isso acontece, há um desequilíbrio – há a morte.

Como já disse anteriormente, a doença é a perda de equilíbrio interno entre corpo e mente. E não sou só eu que penso assim. Fritjof Capra, em seu livro O Ponto de Mutação, nos conta como é o conceito de saúde e doença para a medicina chinesa:

*"O indivíduo saudável e a sociedade saudável são partes integrantes de uma grande ordem padronizada, e a doença é a desarmonia no nível individual ou social".*

Ele também nos fala que *"o indivíduo saudável, à semelhança do cosmo como um todo, era visto como parte de um estado de contínuas, múltiplas e interdependentes flutuações, cujos padrões eram descritos em termos do fluxo de ch'i".* (para os chineses ch'i tem como significado a energia da vida).

Ou seja, quando existe desequilíbrio do **fluxo de energia no corpo**, a doença se manifesta. Os chineses também usam como base para sua medicina o conceito de contrastes, que dependem um do outro para existirem; eles os chamam de "dois lados interdependentes" de *Yin* e *Yang*. Tudo o que hoje sabemos sobre física quântica, a energia que emitimos quando pensamos/sentimos, e o equilíbrio necessário entre o nosso lado "sombra" e o que mostramos de nós mesmos, os chineses já sabiam.

A Física também confirma que é necessário equilíbrio entre os polos positivo e negativo dos átomos. Se não há equilíbrio os átomos estão desalinhados, cada qual indo para uma direção. O nosso corpo é feito de matéria, que, por sua vez, é feita de átomos. **O que pensamos e sentimos é energia, e esta afeta o nosso corpo.** Imagine então que você se sente uma pessoa insegura e não admite, querendo parecer autoconfiante. A sua "cara" combina com a sua "coroa"? Não.

Se isso acontece, por mais que você se coloque como autoconfiante, o seu corpo o denunciará. Se ficar nervoso pode ter um "piriri" ou uma bela dor de cabeça, antes ou no meio de um evento importante, por exemplo. Sabe por que?

Não admitindo que está inseguro ou com medo, você aumenta seu "lado sombra". Você quer mostrar que é autoconfiante e não treina para dar uma palestra, por exemplo, ou não repassa o PowerPoint antes de uma reunião. Para que treinar ou rever, não é mesmo, se eu sou poderoso, o "bacana"?

Pois é. Se tivesse treinado, admitido sua insegurança ou medo de fracassar, teria se preparado. Como você quis esconder até de si mesmo, seu lado sombra o sabotou, dando-lhe um belo "piriri" ou uma dor de cabeça, para lembrar que ele existe!

## Como lidar com o nosso "lado sombra"

A essa altura, você deve estar fazendo exatamente as seguintes perguntas: como lidar com o lado sombra e o que fazer com ele?

Repare numa mãe com um filho pequeno. Se ela estiver, por exemplo, horas e horas falando ao telefone, a criança ficará tentando chamar a atenção dela, chamando "mamãe". Se a mãe não der atenção, a criança pode começar a querer arrancar-lhe o telefone da mão. Se a mãe continuar indiferente, pode ter como reação uma criança birrenta, chorando ou berrando, ou ainda se machucando para trazer a atenção da mãe para si.

Se você visse essa mãe, tão desatenta ao seu filho, o que pensaria? Provavelmente eu diria a essa mãe: "Desligue esse telefone, pegue seu filho e dê-lhe colo, pelo amor de Deus! Não vê que ela quer você, sua atenção, seu amor"?

Desagradável uma história dessas, não lhe parece? Mas posso te contar uma coisa? Eu tenho certeza que você já fez isso mais de uma centena de vezes... com seu lado sombra.

Nosso lado sombra é como essa pequena criança. Só o que ele quer de nós é atenção. Que saibamos que ele existe. Que o peguemos no colo e digamos que o amamos como ele é: birrento, chorão, com as fraldas sujas e nariz escorrendo.

Voltando ao nosso exemplo, se aquela mãe tivesse pego sua criança logo na primeira vez que a pequena quis chamar-lhe a atenção, você acha que tudo terminaria em birra? Claro que não.

Da mesma forma, se entrarmos em contato com sentimentos "pouco louváveis" quando eles se mostram, teremos como acalmá-los e aprender a lidar com eles. Mas se tentamos esconder a raiva, o medo, a tristeza, a falta de confiança, por exemplo, eles vão se manifestar no corpo, para que não esqueçamos deles.

O nosso lado sombra é como uma criança: *cheio de energia e com necessidades imediatas*. E a primeira necessidade do lado sombra, bem como da criança, é saber que é *amado incondicionalmente*.

Portanto, para lidarmos com nosso lado sombra, **temos que amar o que somos, sem impor condições.** Temos que perdoar a nós mesmos se sentirmos raiva, insegurança, medos. Temos que entender que se reconhecermos nosso lado sombra, teremos condições de dialogar com ele, de nos conhecermos melhor, e nos prepararmos para estarmos bem quando situações que antes nos incomodavam acontecerem novamente.

O nosso lado sombra, na verdade, é o que nos faz crescer.

Ele é que nos traz a necessidade de autoconhecimento contínuo. E é ele que nos providencia um sintoma ou doença quando estamos parados, estagnados numa situação que não gostamos e que não nos faz sermos a nossa melhor expressão, brilhantes, plenos e felizes.

Tenho certeza de que ao final dessa jornada, só haverá gratidão pelo seu lado sombra, por todas as oportunidades de crescimento íntimo que ele vem lhe proporcionando até hoje.

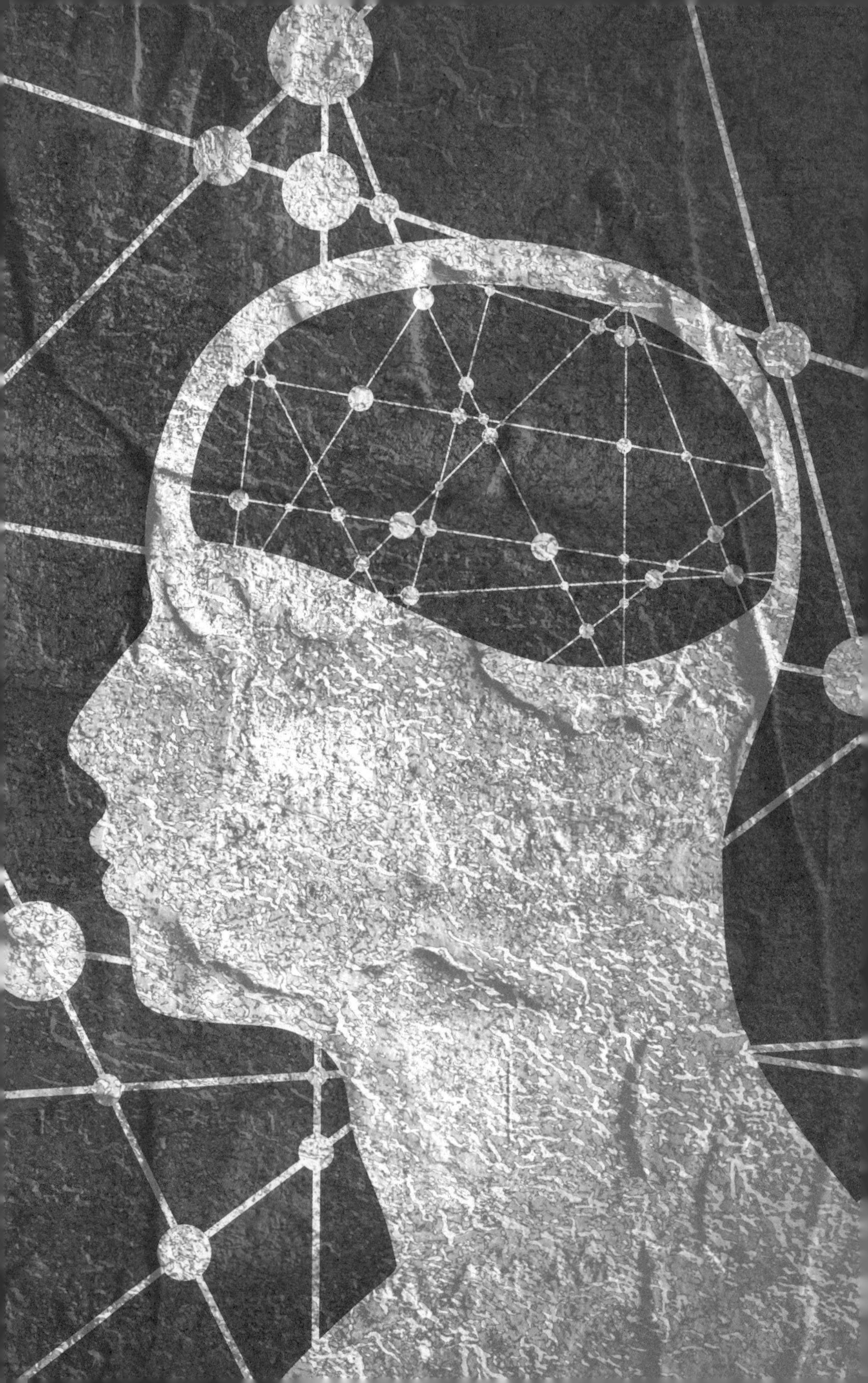

# Como surgem as doenças

Gostaria de pedir a você, neste instante, que se recorde de algum momento muito feliz de alguns anos atrás. Pode ser um em que você ria muito com seus amigos ou com a família; um momento romântico, talvez? Interrompa a leitura por alguns segundos e imagine essa cena que o deixou feliz com a maior nitidez que conseguir. Quem estava na cena? Haviam vozes? O que as pessoas diziam naquele momento feliz? Como você estava se sentindo?

Eu gosto de adivinhar coisas. Eu tenho certeza de que você acaba de dar um sorriso com essa lembrança. Impressionante como estava vívido, não é?

Agora eu quero te pedir mais uma coisinha, pode ser? Quero que você se imagine no futuro, fazendo algo que quer muito. Pode ser abraçar alguém que gosta muito e nunca abraçou; ou comer uma comida que você viu ser preparada num desses canais de tevê e te deixou com água na boca. Ou ir a algum lugar que nunca foi e tem vontade.

Vou adivinhar novamente. Apesar de se imaginar fazendo essas coisas, faltou alguma coisa, não foi? É como se a cena não tivesse a mesma nitidez da primeira.

Isso acontece porque quando lembramos de algo que já vivemos, temos referências, memórias "arquivadas", que nos fazem reviver tudo de novo. Porém, para imaginar algo no futuro que nunca vivenciou, você teve mais dificuldade. Não havia uma referência para se basear. Se eu lhe pedir para se imaginar comendo amanhã um prato delicioso que sua mãe ou avó preparava, seu cérebro vai conseguir te dar essa imagem de futuro, porque tem referências de um evento semelhante no passado.

Agora que você experimentou um pouco como funciona seu cérebro e seus arquivos de memória, saiba que para ele não há distinção entre o que é real e o que é imaginado. Estudos demonstraram que as mesmas áreas do cérebro estimuladas durante um evento real, também eram ativadas quando o evento era relembrado.

Eu iniciei este capítulo para te explicar como surgem as doenças, ou os desequilíbrios. Falei agora mesmo do passado e do futuro, mas não falei do presente. Você vai concordar comigo se eu disser que é no *presente* que tudo acontece: alegrias, tristezas, a saúde e a doença.

Porém, a doença (ou o desequilíbrio) se baseia em algo que aconteceu no *passado*, mas que continuamos revivendo, dia após dia. Você já assistiu ao filme "O Feitiço do Tempo", com Bill Murray? É um pouco antigo, de 1993, mas é ótimo. Falo dele em meu livro *"Lições Que a Vida Ensina e a Arte Encena"*. No filme o personagem fica preso no tempo, numa cidade do interior, onde comemoram "o dia da Marmota". No início ele revive o mesmo dia, com os mesmos sentimentos e as mesmas atitudes. Com o passar dos dias sempre iguais, ele vai mudando suas atitudes, ao perceber onde estava cometendo erros.

Agora, me responda com sinceridade: qual é a sua disposição de mudar de atitude, de modos de ver e viver, de rumo a um futuro que você não conhece, não consegue prever ou sequer sentir o sabor?

Se você for sincero, dirá que a disposição é bem pouca. Sabe por que? Porque você está refestelado num lugar chamado "zona de conforto". A zona de conforto é aquele lugar onde a gente diz: "está ruim, mas está bom" ou "tô na merda, mas tá quentinho".

A zona de conforto é onde você vive o seu "dia da Marmota" particular, mas sem direito a mudar de atitude. Continua revivendo eventos passados – que não te fizeram bem – no momento presente, para que possa ter um futuro morninho, mas seguro, que você conhece.

E é esse continuar insistindo, inconscientemente, que traz o desequilíbrio e a doença. Vamos a um exemplo real, para ficar claro.

Uma conhecida minha, também psicóloga como eu, me contou que quando seu filhinho era pequeno, com pouco mais de um ano, ela tinha toda tarde um início de renite alérgica. Inesperadamente começava a espirrar, seu nariz entupia, e ela precisava recorrer aos antialérgicos. Essa situação já durava uma semana, quando comentou com sua mãe, ao telefone.

Ao relatar a situação, se deu conta de que a crise alérgica iniciava sempre no mesmo horário. Não por acaso, esse horário, por volta das 3 horas da tarde, era quando ela costumava dar banho em seu filhinho. Porém como ele estava aprendendo a falar, a nova sensação daquelas últimas semanas era a palavra "não"!

Ela queria levá-lo para o banho – que ele antes adorava – e ele dizia: "não"! Ela então perguntava a ele se queria mamar, e a resposta era...não. Dormir? Não, também. Muito paciente, essa minha amiga irritava-se com a situação – um bebê no controle –, mas não admitia. Continuava a tentar exercer seu papel de mãe modelo e esconder a raiva e a indignação (sua sombra).

Resultado: uma irritação incontrolável na região nasal (que é relacionada com o poder, e o conflito com pessoas próximas), todos os dias quando havia a tentativa de convencer seu filho a entrar no banho!

A partir do momento em que tomou consciência disso, ela mudou a tática: começou a levar alguns brinquedos para a banheira, para ele "dar banho". Suas crises alérgicas acabaram. E a história tornou-se motivo de piada.

Ou seja: o desequilíbrio manifestado no corpo é somente um aviso de que estamos fazendo algo que não nos agrada, ou de uma maneira que talvez não seja adequada, repetindo insistentemente o mesmo padrão de comportamento e pensamento.

Quando prestamos atenção ao que acontece conosco, podemos dizer quando foi que começamos a ter alguma dor ou algum sintoma, e em que parte do corpo se manifestou. Com essa consciência, podemos reverter a situação, aceitando os sentimentos que a originaram (a nossa sombra), e mudando o padrão mental e também o modo de agir, para que o quadro de desequilíbrio desapareça.

A cada manifestação de desequilíbrio, ou doença, podemos "ler" o que o corpo quer nos mostrar: um se queixa de estar com a garganta tão inflamada que "não consegue deixar passar mais nada"; outro, que seus ombros doem como se estivesse "carregando o mundo nas costas"; ou que tem uma azia tão forte que o "queima por dentro".

O que é que o primeiro não está conseguindo aceitar? O que o segundo não consegue carregar? Com o que o terceiro está se consumindo por dentro? Estaria ele tentando controlar uma situação que não é dele, ou ser prestativo com os outros e esquecer de si mesmo? Estaria essa pessoa se sentindo imprestável por algo que não conseguiu fazer, ou por não admitir sentir raiva por algo ou alguém? Estaria sendo inflexível, não admitindo que mudanças ocorram em sua vida?

Para todas essas e muitas outras situações, o remédio tem como base o amor por si mesmo. Isso envolve o perdoar a si próprio e aos outros, o aceitar-se e também aos outros. E um dos caminhos efetivos para que isso ocorra eu detalharei à frente, quando falar mais profundamente sobre a gratidão.

## O que devemos observar para entender a doença

Pela medicina tradicional ocidental, à qual estamos acostumados, deveríamos verificar os fatores *externos* que possam ter causado a doença. Se um sujeito tem uma crise de diarreia e vômitos, por exemplo, logo perguntamos o que ele comeu, se era algo contaminado ou estragado, por exemplo. Neste livro, porém, o que quero que você aprenda a enxergar é o que está *por trás* desses sintomas, o que o corpo está querendo *nos mostrar*.

Veja bem, eu não estou dizendo que causas externas não ajudam a construir o quadro de sua enfermidade. É evidente que se você exagera no consumo de pimenta e cafezinho terá grandes chances de desenvolver uma úlcera.

No entanto, o que eu preciso que você entenda é que *o fator externo é apenas mais um que ajudou a originar a doença, não o principal fator.*

A sabedoria popular traz muitas pistas para nós. Quando alguém vomita, dizem que "colocou os bofes para fora", ou "nossa, recusou tudo e colocou para fora". Se tiver uma diarreia, dizem que "não parou nada dentro", "como entrou, saiu".

A pergunta que eu faria, nesse caso é: o que é que essa pessoa não aceitou – pode ser uma atitude, algo que alguém disse, uma condição imposta –, não verbalizou, mas o corpo mostrou tão claramente? O que aconteceu que ela quis ignorar completamente, não quis nem digerir, nem que entrasse em seu "sistema", a ponto de expelir por cima e por baixo?

Quando alguém tem artrite, por exemplo, diz que levanta todo "duro", tem dor nas juntas e "não consegue nem se dobrar para amarrar um sapato ou pegar uma caneca", por exemplo.

Qual é a imagem que te vem à cabeça? Rigidez, falta de flexibilidade? A pergunta que eu faria: em que aspecto da vida essa pessoa tem resistência em mudar? Que ideias novas ela não quer aceitar ou incorporar? De que zona de conforto ela não quer sair?

Se alguém torce o pé, diz que "não viu aonde estava andando", ou "de repente perdeu o chão". O pé é a base de nosso corpo, certo? Não é de espantar que se alguém tiver problemas aí, psicologicamente esteja também "sem rumo", "sem direção".

A pergunta, portanto, seria: o que tirou a estrutura desse indivíduo? O que aconteceu que fez essa pessoa duvidar do rumo que estava dando à sua vida até agora?

Perceba que eu não perguntei de fatores externos, mas internos. Sempre.

Nossa primeira reflexão então é a seguinte:

**O sintoma já traz em sim mesmo a pergunta necessária para entendermos sua causa. O dono do sintoma é quem tem a resposta, ao verbalizar pensamentos e sentimentos que estavam escondidos (a sombra).**

Outro fator importante é *quando* se iniciam os sintomas. Lembra da minha amiga que começava a espirrar quando seu filhinho dizia "não"? Se ela não tivesse percebido isso, talvez ficasse tomando remédio para alergia por tempo indefinido. Ou quem sabe a condição tivesse evoluído para uma sinusite.

O tio bem idoso de uma outra conhecida minha, por exemplo, ao enviuvar foi morar com sua filha mais velha, que também era viúva. Dois meses depois de sua mudança, começou a apresentar psoríase, com muita coceira e descamação no corpo. Mesmo usando os remédios recomendados, a psoríase resistia. Oito meses depois, da mesma forma como veio, essa psoríase se foi.

Vamos aos bastidores dessa história. Este senhor era idoso, porém muito independente – além de particularmente autoritário. Ao ir morar com a filha viúva, tentou impor suas vontades a ela, ou seja, queria mandar na casa e nela. Porém, esta deixou bem claro que a casa era dela, que já era adulta há muito tempo e não aceitaria ordens dele, mesmo sendo o pai dela.

Ele achava um absurdo não poder mandar na filha, afinal, ele era o mais velho, era o pai! Não estava bem ali; sentia-se desrespeitado, sem perceber que também a estava desrespeitando. Problemas de pele refletem problemas com o mundo que nos cerca, com limites e relações interpessoais. Por esse motivo, quando ele entendeu que iria conviver bem com a filha somente se houvesse respeito e igualdade, sua psoríase melhorou.

Então, nossa segunda reflexão é:

**Os momentos em que o sintoma aparece e vai embora apontam para a causa que iniciou o desequilíbrio.**

Mais um fator importante a ser considerado, já que o sintoma mostra o que não queremos admitir, é o que ele quer que mudemos. Lembra da historinha do bebê que queria colo e fez birra com a mãe? O bebê era o nosso lado sombra, *sempre cheio de energia e com necessidades imediatas*. Enquanto a "mãe" – ou *quem está doente* – não mudou, o "bebê" – ou *nosso inconsciente* – não parou de "fazer birra" – ou *de manifestar sintomas*.

O que precisamos mudar em nossa postura mental, e também em nosso comportamento, para que o sintoma (a doença ou o desequilíbrio) desapareça?

Vamos a um exemplo. Imagine uma pessoa que come compulsivamente, fuma e não faz nenhuma atividade física. Quando vocês conversam, ela diz que não gosta do que vê no espelho, que não tem um companheiro há anos, que o prazer que tem na vida é comer bem, fazer piada da vida alheia e ver programas na TV.

Aí um belo dia, essa pessoa tem um infarto. Ela passa por uma cirurgia, é orientada a fazer uma dieta rígida, parar de fumar e incluir exercícios diariamente em sua vida dali em diante.

Vamos recorrer à sabedoria popular. O coração representa o que? Amor. Essa pessoa se sentia amada ou se amava? Não. Se formos buscar interpretação na psicologia tradicional, ela buscava se satisfazer dessa falta de amor através da boca, comendo e fumando. Porém, ao invés de se nutrir do amor que lhe fazia falta, estava se matando aos poucos, diariamente.

Como tinha um ressentimento escondido, deixava externar através dos comentários que fazia sobre os outros. Não tinha amor por si, assim, não poderia demonstrar ao outro. O coração, então, que universalmente é a casa das emoções e do amor, resolveu parar.

Ao enfartar (que significa entupir, bloquear) o coração deu um sintoma contundente: ou você para de me "entupir" de porcarias e desamor, ou eu paro de vez. A mudança que a pessoa teve de fazer, para recuperar seu equilíbrio de novo foi ingerir coisas saudáveis (na comida, na respiração), adquirir novos hábitos, que, seguidos à risca, demonstraram que a pessoa estava voltando a se olhar, se cuidar e se amar.

Há outros sintomas realmente incapacitantes que nos *impedem* de fazer coisas. Uma pessoa que é acometida de artrite, por exemplo, não consegue mais "se dobrar" para nada.

Uma aluna minha era o sinônimo de supermãe. Toda a família recorria a ela. Se houvesse uma festinha, ela fazia bolo e docinhos. Se alguém estava doente, ela passava os dias no hospital, e ao voltar para casa ainda deixava preparada a comida dos filhos e do marido. Ela se sentia exausta, explorada por todos, mas não tinha coragem de recusar; continuava servindo a todos e não se respeitando. Resultado: começou a apresentar as articulações inflamadas (cujo significado é pegando fogo), inchadas como se fossem explodir, e muito doloridas.

Já que ela não sabia dar limites, o corpo sinalizou como sabia: mostrou a sua indignação; sua raiva através da inflamação; sua vontade de externar seus sentimentos no inchaço das articulações. E por que uma inflamação nas articulações? Porque ela não deveria mais "dobrar-se ou curvar-se" a ninguém. Tinha que se respeitar. Quando compreendeu que precisava se respeitar e dar limites aos outros, a artrite desapareceu. Hoje, se alguma articulação dói, ela presta atenção imediatamente para detectar onde está se desrespeitando, e muda sua atitude.

Então, nossa terceira reflexão é:

**O que este sintoma específico está pedindo que seja urgentemente alterado em minha vida? O que eu preciso iniciar (ou o que eu preciso parar de fazer) para voltar a ter equilíbrio ou deixar de estar doente?**

## A doença é nossa amiga

A frase acima está correta. Ela é nossa amiga! Afinal, amigo é aquele que é sincero conosco, fala as verdades que precisamos ouvir, sem medo de nos perder, não é verdade? Quem nunca avisou uma amiga a *"pelamordedeus"* não usar aquele vestido horroroso, que ela tanto amava, por exemplo?

Pois assim é a doença. É ela que nos mostra o que não estamos vendo em nós mesmos, o nosso "ponto cego". É a amiga que avisa: "tem salsinha no teu dente. Na frente, em cima. À esquerda", antes que você dê um sorriso para o garoto que está paquerando na festa.

Sendo camarada, ela pode te enviar vários tipos de sinais. Nada diferente do que uma amiga faria no caso da salsinha, por exemplo. Primeiro, poderia te apontar discretamente a própria boca. Se você não entendesse, apontaria um paliteiro ali na mesa. Se nada surtisse efeito, falaria. E se você não acertasse aonde estava a salsinha, com certeza te levaria até o banheiro e te colocaria na frente do espelho!

Vamos então entender quais são os sinais que a doença (lembre-se que é um desequilíbrio) nos envia?

1. **Pensamentos.** O primeiro aviso é no nível de pequenos devaneios, sonhos, que as vezes nos parecem ilógicos, ridículos ou absurdos. Sabe aquela vontade repentina que você tem de largar seu emprego em plena quarta-feira, fazer uma mochila e ir para Machu Pichu? Ou quando visualiza deixar sobre a pia a pilha de louças que todo mundo usou e não lavou, até acabar o último copo do armário?

2. **Alterações leves em funções ou atividades do corpo.** Aqui você não deu ouvidos à sua insatisfação no emprego, e começou a ter uma leve azia quando come. Nada que um antiácido não resolva, não é? Ou pode ser aquele sono ou desânimo que te dá logo após o almoço, e você acha que é a idade começando a chegar.

3. **Alterações agudas:** a partir daqui as manifestações no corpo começam a ser mais explícitas. Elas podem vir de diversas maneiras, como inflamações (todas as "ites"), ou acidentes que nos machucam. Descobrir que aquela azia se tornou uma gastrite, ou que aquele sono que vem após o almoço fez com que a faca caísse no teu dedo do pé não é nada agradável. Vai continuar não ouvindo seu corpo?

4. **Problemas crônicos:** sinais encobertos por muito tempo, escondidos, originam, a médio e longo prazo, os problemas crônicos (as "oses"). Imagine que se passaram dois ou três anos, você não foi para Machu Pichu, não deu limites para o autoritarismo de seu chefe, e hoje aquela azia é uma úlcera, corroendo a parede do seu estômago. Ou que nesse período de tempo,

sentindo-se desrespeitada e usada, você só se mantém desperta com antidepressivos, para poder continuar lavando a louça sorrindo.

5. **Problemas degenerativos, alterações de tecidos e células.** Se chegou até aqui, o processo crônico de esconder a "sombra" fez com que se alterassem estruturas importantes do corpo. O sistema de defesa pode estar trabalhando mal, se manifestando em doenças autoimunes ou um câncer; algum órgão pode estar com suas funções e forma alterados. Ou uma doença degenerativa irreparável pode ter se manifestado. Talvez aquela úlcera tenha se tornado um câncer no estômago, ou agora não consiga mais lavar pratos, já que uma demência fez esquecer até para o que eles servem.

6. **Morte.** Se você sufoca sua "sombra", ela te leva junto. As expressões "morrer de tristeza", "morrer de raiva", "morrer de vergonha", "morrer de amor" ou "definhou até morrer", somente refletem o que a pessoa não conseguiu admitir que sentia; aquilo com o qual ela não quis entrar em contato e expressar de maneira saudável. Imagine que a sombra ("criança") no intento de chamar a atenção da pessoa ("mãe"), sofresse uma queda fatal e morresse por negligência da segunda. Essa mãe se sentiria morta *por dentro*. Se não integramos o que sentimos com o que fazemos, e teimamos em não ouvir os sinais que a doença nos enviou, somos enterrados do mesmo modo que enterramos nossos sentimentos e nossas emoções ao longo da vida.

Espero que você tenha compreendido a importância de ser sincero consigo mesmo. Manter situações dolorosas ou conflitantes tentando se adequar, se conformar e agradar, só fará mal a si mesmo.

Aceite-se como você é. **Agradeça quem você é, de onde veio, seus ancestrais e o que eles te ensinaram.** Se até este momento tudo estava acontecendo de forma errada, ninguém tem culpa. Você não sabia que estava errado, nem como mudar essa situação.

Agora, porém, você pode começar a mudar. Este é o primeiro dia de muitos outros que virão, pautados na sinceridade e amizade entre você e sua "sombra". É a partir de hoje que você começa a integrar verdadeiramente sua mente e seu corpo. Preste atenção em todos os sinais.

"RECUSARMO-NOS a ouvir ou entender os sintomas não fará com que desapareçam."

–Thorwald Dethlefsen

# Segunda Parte

## Descubra o significado dos sintomas das doenças

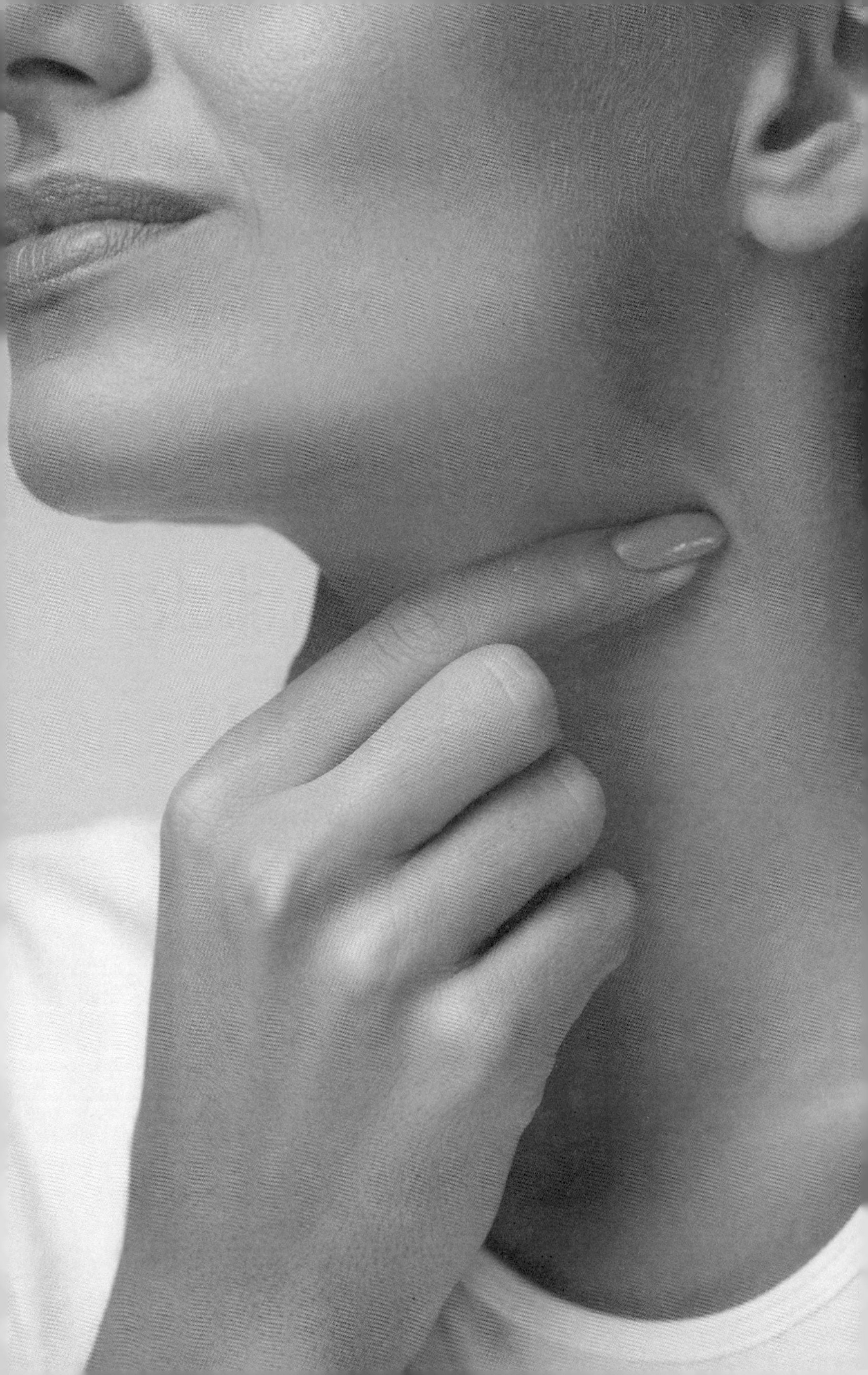

# Compreendendo a relação das emoções com as partes do corpo afetadas

Até o presente momento eu mostrei a você, em linhas gerais, como as emoções podem se manifestar na forma de doenças. A partir daqui, quero que preste muita atenção. O nosso corpo tem uma sabedoria inata, e nele se manifesta tudo, absolutamente tudo o que pensamos, sentimos e vivemos.

Quero, antes de continuar, deixar bem claro que tudo o que vou apresentar aqui não pode provocar sentimento de culpa em você. Identificar possíveis culpados é apenas mais uma armadilha de sua mente, que faz você relaxar como se já tivesse solucionado a questão e parar de tentar resolvê-la.

O que quero é trazer à consciência, o conhecimento de como sua mente é capaz de fazê-lo adoecer se você estiver fazendo escolhas erradas em sua vida. A ignorância de um determinado fato não faz com que ele mude, ou que se sofra menos. Isso é uma ilusão que temos.

A melhor forma de se lidar com um problema nunca é fugindo dele. Os grandes estrategistas sempre disseram isso. Sun Tzu tem uma frase que serve tanto para batalhas quanto para se enfrentar uma doença:

*"Se você conhece o inimigo e conhece a si mesmo, não precisa temer o resultado de cem batalhas. Se você se conhece, mas não conhece o inimigo, para cada vitória ganha sofrerá também uma derrota. Se você não conhece nem o inimigo nem a si mesmo, perderá todas as batalhas..."*

Substitua aí a palavra "inimigo" por doença (sombra ou suas emoções), e entenderá o que digo.

Se você mantiver a convicção de que a doença manifestada em seu corpo nada tem a ver com pensamentos e emoções, estará tentando tratar só o efeito, e não consertar a causa. E a doença vencerá.

Se você admite que está doente, até sabe que a origem é alguma emoção ou sentimento, mas não quer lidar com isso, a doença ainda assim vencerá.

Mas se você admite que está doente, sabe que a origem é uma emoção, e se entrega aos processos de autoconhecimento e aceitação, e faz as alterações necessárias para se harmonizar com o que sente e o que vive, você vencerá.

Agora quero apresentar a maravilhosa conexão que existe entre o nosso corpo e as nossas emoções. Prepare-se. A viagem de autoconhecimento vai começar.

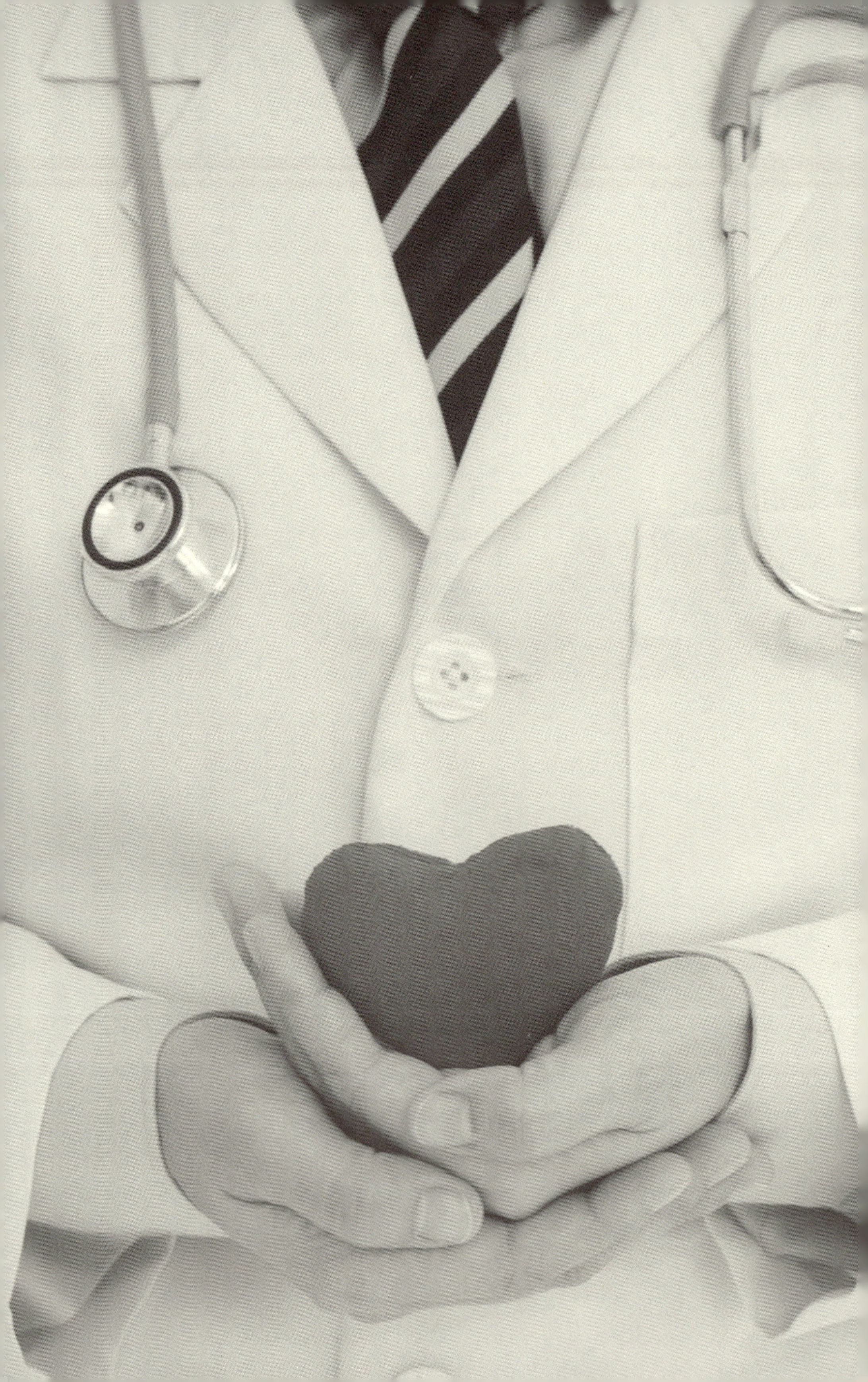

# O corpo e sua correlação com as emoções

Para entendermos como o corpo serve como expressão de nossas emoções, devemos ser quase que intuitivos e literais. Ou seja, *aquilo que nos parece, muitas vezes é.*

Quer ver? Num documento de identidade temos a foto do rosto. Ninguém colocaria, por exemplo, uma foto dos pés num documento desses. A cabeça representa exatamente a nossa primeira identidade.

Como falei de pés, vamos analisá-los. O que eles fazem? Carregam todo o nosso corpo, de um lugar a outro; nos sustentam. Eles representam exatamente a nossa base, e os caminhos que percorremos na vida.

Vou apresentar então a lista com que me guio, para que você possa tê-la como referência daqui por diante.

» **Ossos** – são eles que sustentam todo o nosso corpo, dão estrutura. Problemas ósseos denotam problemas na estrutura, falta de segurança ou autoconfiança, dependência de auxílio externo.

» **Músculos** – eles têm a função de nos movimentar, e estão relacionados à ação. Temos problemas musculares quando alguma coisa nos faz sentir impotentes (sem capacidade de agir), ou nos causa tensão extrema.

» **Pele** – é o que limita o nosso corpo, a nossa individualidade. Através dela interagimos com o mundo e os outros. A pele expressa exatamente essa relação com o mundo, como nos sentimos, se há insegurança, se temos dificuldade de interagir, se não nos sentimos adequados.

» **Cabelos, pelos** – protegem áreas sensíveis de nosso corpo, nos aquecem. Quando temos perda de cabelo, queda, é porque estamos nos sentindo enfraquecidos, sem nossa força para nos protegermos, vulneráveis e com medo.

» **Dentes** – usamos os dentes para morder, rasgar, mastigar. Eles expressam nossa agressividade. Quando sorrimos, estamos "mostrando os dentes" para nos defendermos. Já pensou nisso? Quando temos problemas dentários, estamos nos sentindo indefesos, inseguros.

» **Vasos sanguíneos (veias, artérias)** – eles conduzem o sangue, carregam o oxigênio até as células, ou seja, levam a vida para cada milímetro do nosso corpo. Se temos problemas nos vasos sanguíneos, não estamos sendo vitalizados na região afetada. Estamos com a vida "interrompida" em algum ponto, nos sentimos sobrecarregados, ou não dignos de continuar? O que não merece viver em nós?

» **Sangue** – conduz tudo o que nos nutre: alimentos e oxigênio e também o que nos defende de agressões. Problema no sangue significa que não quer ser nutrido, não quer viver, não sabe receber amor, ou não se sente digno de ser amado.

» **Coração** – bombeia o sangue para todo o corpo. O ritmo de suas batidas mostra se estamos felizes, tristes, acelerados ou cansados, apaixonados ou decepcionados, estressados ou relaxados. É afetado diretamente por emoções, como hostilidade, ansiedade, raiva, impulsividade.

» **Pulmões** – são responsáveis pela respiração. O ritmo respiratório, tanto quanto o cardíaco, é influenciado pelo que sentimos. Mas, segundo a medicina chinesa, tristeza, mágoa, decepção, baixa autoestima e insegurança são as emoções que mais afetam os pulmões.

» **Estômago** – é onde acontece uma parte da digestão do que comemos. Emocionalmente é aí também que "digerimos" (ou não) o que recebemos do mundo externo: engolir a raiva, o nervoso, a preocupação, e o excesso de responsabilidade afeta esse órgão.

» **Baço** – é um produtor de diversos hormônios importantes, que atuam em todo o corpo. Hormônios atuam no cérebro e no corpo. Excesso de preocupação, pensamentos repetitivos, afetam o baço.

» **Fígado** – é o órgão que transforma tudo o que entra no corpo em alimento para a célula. É afetado pela raiva e pela sensação de impotência, pela impossibilidade de tomar atitudes, e também pela extrapolação de seus limites, quando o indivíduo acha que pode tudo.

» **Vesícula** – é aonde se acumula a bile, usada na digestão de gorduras. Sem ela a gordura não é transformada no fígado em alimento para as células, e se acumula no corpo. Quando há medo de mudar, se transformar, insegurança quanto ao futuro, ela é afetada.

» **Intestino delgado** – é onde ocorre a última parte da absorção dos alimentos. Ele separa o que é bom do que não serve mais. O intestino delgado é afetado por choques emocionais, quando a pessoa não consegue decidir entre o que serve ou não para sua vida.

» **Intestino grosso** – é onde ocorre a reabsorção de líquidos e a eliminação das fezes. Quem apresenta problemas tem dificuldade em dar ou doar-se. Também se a pessoa tiver medo de que descubram como ela se sente de verdade (o seu inconsciente) há problemas neste órgão.

» **Rins** – são o filtro do corpo, e ajudam a colocar as impurezas para fora. Quando se tem medo ou se é indeciso, os rins adoecem. Também quando há problemas de relacionamento, no âmbito amoroso ou social.

» **Bexiga** – é onde se guarda a urina, até ser eliminada. Ela é afetada por excesso de responsabilidade, e apego às coisas que não servem mais e deveriam ser eliminadas.

» **Órgãos sexuais femininos** – responsáveis pela reprodução, representam a capacidade feminina de recepção, criação, doação e união. Eles sofrem quando há insegurança, baixa autoestima, passividade, não aceitação da sexualidade como algo saudável ou bonito. Também quando se sente subjugada, inferiorizada, ou se tem dúvidas entre assumir papel feminino ou dedicar-se aos próprios sonhos.

» **Órgãos sexuais masculinos** – responsável por fecundar, agir; representa a força, o princípio gerador. Eles padecem quando há insegurança, baixa autoestima, passividade, não aceitação da sexualidade como algo saudável ou bonito.

» **Pés e pernas** – São a nossa base. Eles nos trouxeram até aqui e continuarão nos levando em frente. Eles são penalizados quando estamos confusos com o caminho a tomar, questionando o que nos trouxe até o presente, ou sem perspectivas de vida, pode refletir nos pés e nas pernas.

» **Articulações em geral** – servem para dar mobilidade e ligam os ossos entre si. Elas sofrem quando a pessoa resiste às mudanças, busca a perfeição e nada está bom, quando é muito orgulhosa, ou ao contrário, deixa-se humilhar ou é servil, as articulações adoecem.

» **Quadril ou Bacia** – é onde ocorre a ligação entre a parte superior do corpo e a parte inferior. Quando se é muito racional, e não se aceitam as funções de sexualidade masculina ou feminina, quando não se consegue integrar as necessidades básicas do corpo por prazer, inclusive no ato de excreção de urina e fezes, há problemas nesta região.

» **Coluna vertebral** – a coluna vertebral é o que dá estrutura e sustentação na parte superior do corpo. Também é ela que faz a ligação entre o cérebro e todo o corpo, através dos nervos que protege dentro de si, e saem dela, comandando todas as funções voluntárias e involuntárias. Se há sensação de desamparo, insegurança, falta de confiança em si mesmo ou no meio que o cerca; se há problemas em aceitar ordens, e arrogância, também há problemas na coluna.

» **Costas** – podemos considerar, como no caso da coluna, o amparo, o que nos sustenta. Sentir-se desamparado, sobrecarregado ou preocupado atinge as costas. Na parte superior (relacionada com cabeça, coração e pulmão), o desamparo é emocional. Na parte média (relacionada com o fígado, vesícula, estômago, pâncreas), a dor aparece quando não aceitamos mudanças, não digerimos traumas passados; na parte inferior (relacionada com órgãos reprodutores e excretores), quando estamos ameaçados em nossa sobrevivência, no nível mais básico de sobrevivência (trabalho, dinheiro, alimentação, moradia).

» **Parte frontal do tronco** – é a nossa primeira fronteira, onde recebemos em primeiro lugar as informações e percepções. Temos aí o tórax e o abdômen, cada um com diferentes formas de elaborar as emoções.

» **Tórax** – é por onde recebemos a percepção do mundo. O tórax se projeta protegendo os órgãos vitais. Quando nos sentimos atacados, amedrontados, angustiados, ou quando queremos proteger quem nos rodeia, há problemas nessa região.

» **Abdômen** – é onde acontece o processamento emocional do que nos chega pela razão. O que escutamos, vemos, sentimos, será emocionalmente processado e dividido em bom ou ruim para nós. Problemas acontecem aí exatamente quando temos dificuldade de "digerir", "separar", de nos livrarmos do "lixo" emocional.

» **Braços e mãos** – Com os braços podemos carregar, abraçar, fazer movimentos criativos. Com as mãos, damos e recebemos; com os gestos, expressamos o que sentimos, através do toque, da música que tocamos, de coisas que produzimos, de objetos até arte. Quando não aceitamos nosso potencial de criar e doar; quando não aceitamos receber, por orgulho; quando não nos permitimos experimentar coisas novas, com medo de falharmos, de não sermos perfeitos, temos problema nos membros superiores.

- » **Vias aéreas superiores** – inicia-se na boca e no nariz, e é por onde passa o ar a caminho dos pulmões. Faringe, laringe e traqueia, além dos seios nasais. Problemas aí são causados por relacionamentos com o mundo externo, situações ou pessoas que irritam, causam raiva ou vontade de não estar naquela situação. Também pela tristeza que causa a perda de vontade de viver, o desânimo (*des* = sem, *animo* = alma).
- » **Pescoço, garganta** – é a comunicação entre o corpo e a cabeça. Abriga as amígdalas e a tireoide. Sustenta o nosso mundo racional (o cérebro), expressa tanto o que vem debaixo quanto o que vem de cima. Está ligada à criatividade, expressividade em geral. Se nos sentimos impedidos de nos expressar, se não aceitamos sentimentos como a raiva ou indignação; se sentimos que só podemos dizer sim para tudo e ser subservientes, esta região é afetada.
- » **Boca** – recebe o que nutre (comida, bebida, ar) e nos dá o primeiro prazer. Expele o que está demasiado ou o que o corpo rejeita. Sente os sabores através da língua (que segundo os chineses, está ligada ao coração). Por isso a expressão " a boca fala do que o coração está cheio". Também no emocional, tudo o que se refere a carências emocionais, busca pelo prazer de viver, infelicidade, ou não aceitação da força da vida, ou de abusos e excessos, está relacionado com a boca.
- » **Gengivas** – protegem a base óssea aonde os dentes estão inseridos. Se não acreditamos em nosso próprio potencial, nossa autoconfiança está abalada, temos problemas de gengiva.
- » **Língua** – é com ela que percebemos todos os sabores. Os chineses dizem que através dela podemos perceber como está a saúde do corpo. Quando temos raiva, percebemos o amargo; tristeza ou ansiedade, queremos o doce; sentimentos à flor da pele, salgado e picante. Se nada mais importa, falta o gosto pela vida, tudo perde o sabor.

» **Nariz** – é por onde entra o ar, e por onde sentimos os odores bons e ruins. Ao sentirmos os aromas, percebemos melhor os sabores. Também os feromônios são captados por ele, fazendo nos apaixonar. Quando temos problemas com pessoas íntimas a nós, afetivamente relacionadas, ou nos sentimos intimidados por situações de jogo de poder e decisões; ou quando nos recusamos a receber algo que pode nos "dar vida", temos problemas no nariz e sinus nasais.

» **Olhos** – recebem as informações visuais do mundo. Quando não aceitamos o que vemos ao nosso redor, em nossa vida ou em nós mesmos (no meio familiar e em outras relações) temos problemas na vista.

» **Ouvidos** – recebem os sons, as palavras, as informações. Quando o que ouvimos nos irrita ou nos desagrada, e já não somos crianças para "tapar os ouvidos" com as mãos, quando nos sentimos agredidos com o que escutamos, podemos ter problemas nos ouvidos.

» **Cabeça** – é a nossa primeira identidade. O modo como nos apresentamos ao mundo. Quando não nos aceitamos, vivemos nos criticando; quando não nos valorizamos, nem nos perdoamos, os problemas se manifestam aí.

## Manifestações dos sintomas e seu significado

Da mesma forma que cada parte do corpo tem seu significado para nosso subconsciente, também cada diferente sintoma manifestado tem um significado particular. Inflamações, inchaços, dores, cistos, massas, tumores, fraturas, rupturas, cortes, queimaduras e acidentes. Se o quadro é agudo ou crônico, tudo isso importa.

» **Dores** – quando procuramos no dicionário a palavra dor, fala-se tanto da dor física quanto da "dor da alma", por ter causado danos a algo ou alguém, ou por se ter sofrido ou se infligido algum dano. Ou seja, a dor aparece tanto por um sofrimento que nos faz sentir vítimas, quanto por nos sentirmos culpados.

» **Inflamações** – tudo o que inflama está "pegando fogo". Daí o local ficar quente e vermelho, às vezes com secreções. Isso significa que há conflitos que precisam ser resolvidos, uma "briga interna" quando não conseguimos escolher entre dois caminhos.

» **Inchaços** – quando inchamos é porque o corpo está guardando água em algum lugar. A água é um condutor, e também pode servir como um protetor numa área machucada. Por isso há o inchaço. Quando estamos tentando proteger algo em nós que está "machucado ou quebrado" por alguma emoção dolorosa, ou quando não queremos deixar as forças criativas e nutritivas trabalharem, a água fica estagnada em alguma parte de nosso corpo.

» **Infecção** – quando algo está infectado é porque o nosso sistema de defesa do organismo está nos protegendo, mas o agente agressor está mais forte. Qual é a batalha interna da qual você se sente um perdedor? Aonde você não se sente suficientemente forte ou capaz?

» **Cistos, massas, calcificações** – são formações rígidas aonde deveria haver um tecido mole ou movimento. O recado não poderia ser mais claro. Quais são as mudanças que você não quer fazer? O que para você são verdades imutáveis, que te aprisionam? Aonde você continua persistindo, teimosamente, mesmo vendo que está errado? Qual é o medo que te impede de aceitar o novo e agir? O que te machucou e você precisa aprisionar em si?

» **Tumores, câncer** – células que crescem desordenadamente, sem se diferenciarem, brigando com as funções que deveriam cumprir. O que te machucou tanto, te fez chorar, vertendo a "má água" (mágoa) dentro de si mesmo? Por que insiste em alimentar este sentimento desordenado, criado pela raiva e indignação, e que está te atacando? Que tal se perdoar pelas coisas que não compreendia e permitiu, e tocar a vida para frente daqui por diante?

- **Doenças autoimunes** – quando o seu próprio sistema de defesa (os glóbulos brancos do Sistema Imunológico), ataca partes do corpo, pois não as reconhece mais como suas; na verdade, acha que é um organismo invasor (como um vírus, uma bactéria, por exemplo). O significado é bem claro: o que você não quer admitir ou aceitar em si mesmo? Que característica seu *eu* considera abominável, desprezível, vergonhosa? Quando há falta de amor por si mesmo, quando a autocrítica é maior do que a alegria de ser quem você é, a doença autoimune se manifesta.
- **Fraturas** – quando existe um impacto muito forte e nos tencionamos para nos proteger, ou a estrutura é rígida, há um rompimento no local, uma fratura. Se aceitarmos o impacto e o absorvermos, se largarmos o corpo, a fratura não acontece! Ou seja, fraturas são excesso de rigidez e tensão. A pessoa sente-se atacada, não pode sair de sua posição e de suas convicções. O que você precisa aceitar para ser mais flexível e receptivo? Será que você pode deixar o orgulho ir embora?
- **Rupturas** – quando alguma estrutura é forçada ao extremo, pode se romper. Mesmo que ela seja flexível, como é o caso de um vaso sanguíneo, ele tem limites. Se duas forças opostas puxam um elástico, ele arrebenta. Qual é o dilema que você vive, o que precisa decidir, para parar de se dividir entre "dois senhores" e de sentir-se partido ao meio?
- **Tonturas e desmaios** – Tentativa de desconexão entre corpo e psique. Experimentar a morte. Negar encontrar-se com sua sombra. O que está tão ruim que é melhor fugir a enfrentar?
- **Abcessos, pústulas** – raiva que se manifesta "explodindo" e rompendo a pele. O que é que está explodindo em você para ser manifestado, falado, revelado, aceito?
- **Cortes** – um corte é uma agressão à algum tecido. Voluntário ou acidental, mostra uma agressividade ou raiva mal direcionada. Você tem raiva de si ou do mundo? O que fez de errado, no que você é tão ruim, imperfeito ou insuficiente ao ponto de precisar se punir?

- **Queimadura** – é outra agressão que pode lesar até tecidos mais profundos da pele, ou causar uma marca que nunca desaparecerá. Ela queima e consome a água da pele, fecha os poros e impede a sudorese na área afetada. O que é tão ameaçador que não pode mais entrar em contato com você? O que é tão perigoso que precisa ser lembrado para toda a vida ou evitado? Do que você tem tanta raiva?
- **Acidentes** – acidentes não têm absolutamente nada de acidentais. Sentimos raiva, culpa ou revolta em relação a situações, desligamos a nossa atenção inconscientemente, e nos castigamos, nós nos punimos com o que acontece a seguir. Para saber o quanto você se sente culpado, é só ver o tamanho do "estrago". Que tal perdoar-se quando cometer algum erro, aceitar-se como é, e as coisas como elas são?
- **Septicemia** – quando a raiva, indignação com uma situação que se vive toma todo o corpo, contamina o sangue, comprometendo a continuidade da vida. É preferível morrer do que admitir a raiva extrema que se tem dentro de si? É preferível escolher a morte a mudar sua forma de agir no mundo, ou aprender a dar limites às pessoas e situações?
- **Coma** – suspensão da vida do corpo. Entrar em contato direto com sua sombra, para trazer a transformação necessária, a sabedoria de seu inconsciente e as emoções.
- **Morte** – final de um aprendizado, de forma natural (findar natural das funções do corpo) ou pôr fim à um aprendizado doloroso, com ganhos (aprendizado dos significados), ou como fuga (não conseguir encarar suas necessidades emocionais).

Com as dores e os sintomas explicados acima, você já consegue juntar informações e começar a entender seu quadro. Por exemplo, dor no joelho. Joelho é uma articulação (flexibilidade) na perna (nossa base). Dor é quando você se sente machucado por algo ou alguém, ou sente que feriu alguém. Eu diria que alguém "puxou seu tapete" e "tirou o seu chão", ou seja, mexeu em tudo aquilo que você acreditava (dor) e tomava como base (perna) para agir no seu dia a dia. Agora ela terá que mudar suas convicções e "verdades" (flexibilidade-joelho) para poder continuar a viver sem conflito e sem dor.

Outro exemplo: uma hepatite. Hepatite é uma inflamação (pegar fogo) no fígado (órgão que processa, transforma, age). Para sarar da hepatite é necessário repouso e uma dieta baseada em açúcares, para o fígado trabalhar pouco (a molécula de açúcar só precisa ser "quebrada" uma vez para produzir energia para a célula, enquanto proteínas, gorduras e outras precisam de muitas quebras, e o fígado doente não consegue fazê-lo). Ou seja, hepatite acontece quando a pessoa "exagerou na dose" e sobrecarregou-se de obrigações, ações, coisas a fazer. Se ela não aprender a impor limites a si mesma e tirar a capa de herói, continuará doente ou terá complicações.

Para facilitar para todos, farei uma relação de doenças e sua interpretação.

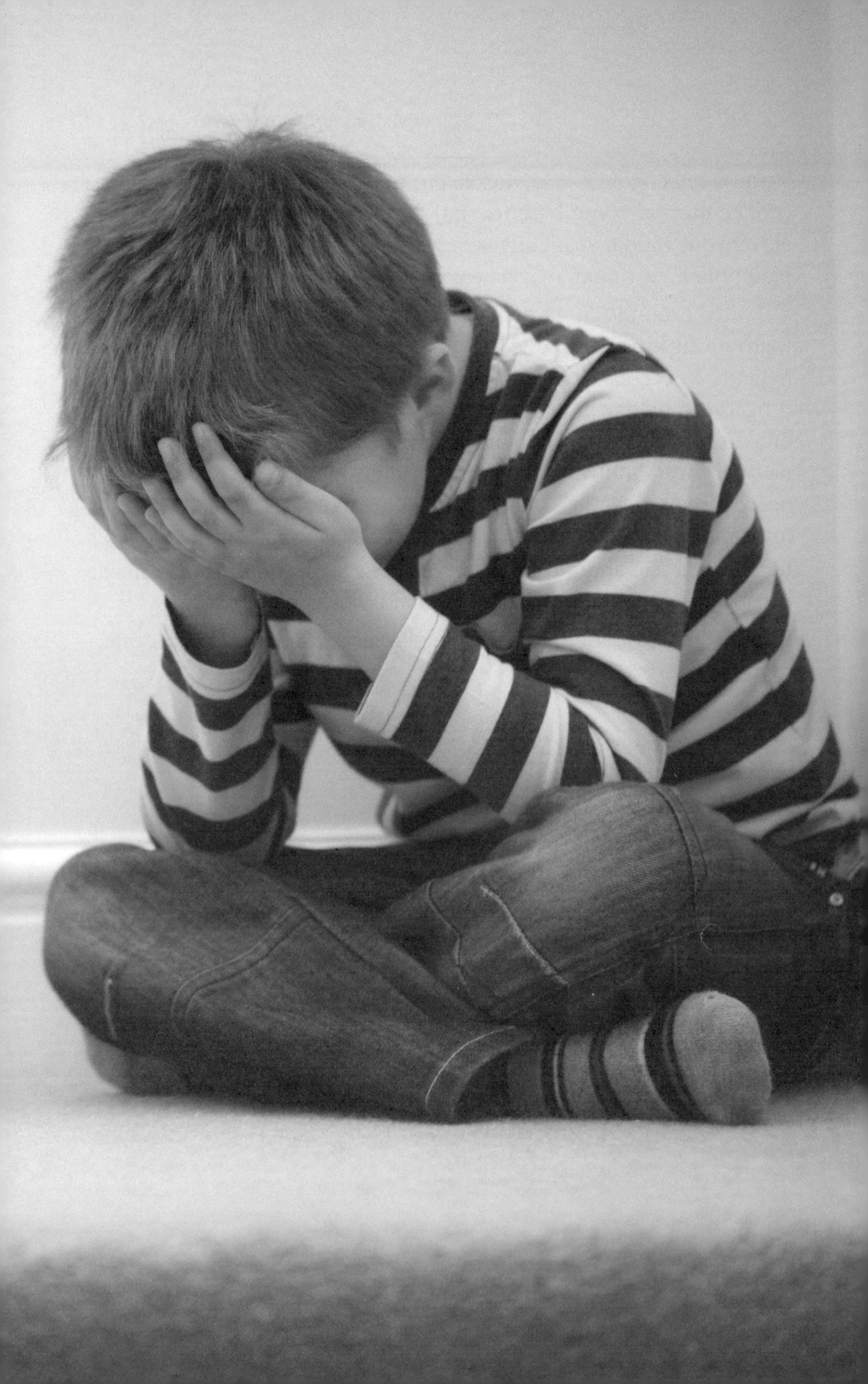

# Relação de doenças e suas correlações psíquicas

Quando consultar esta relação de doenças e correlações, parta do princípio de que eu a construí com base no que vi mais frequentemente em minha prática, bem como, em minhas pesquisas, e percebi que outros profissionais relevantes também encontraram.

Mas – e sempre existe o *mas* – pode ser que você talvez não se identifique com o que estiver lendo. Nesse caso, há duas opções: ou você está novamente negando a sua "sombra", o que traz a necessidade de ser sincero consigo mesmo, ou terá que refletir, também com sinceridade, sobre o que este sintoma/essa doença significa particularmente para você.

Não existem verdades absolutas. Mas, acredite: se você se irritar com algo que leu aqui, provavelmente é porque acabou de encontrar o que estava escondendo de si mesmo! Dê uma chance a si mesmo, respire fundo e aceite, integre essa parte que pede atenção.

Lembre-se que a primeira etapa da CURA é compreender o que está acontecendo com você e como o sintoma se construiu.

E vamos à nossa relação.

## CABEÇA e correlações

- **Dor de cabeça** – sentir-se culpado, incompetente, desvalorizado, sobrecarregado e com medo de não dar conta. Quando algo, alguém ou você mesmo põe à prova seu valor.
- **Enxaqueca** – raiva de si mesmo. Autocobrança extrema. Querer satisfazer as expectativas de outras pessoas.

- **Febre** – resolver um conflito, lidar com a raiva, confusão de ideias.
- **Rompimento de vasos (derrame cerebral, aneurisma)** – inflexibilidade de pensamento, radicalismo. Não admitir mudanças de padrões estabelecidos, mesmo que o machuquem, magoem. As informações antigas são "apagadas" (área do cérebro lesada) e a pessoa tem que reaprender tudo.
- **Tumores, massas, câncer** – radicalismo, convicções petrificadas, que agridem por não permitir mudanças. Prefere-se desintegrar a identidade a mudar, com medo de não se reconhecer.
- **Acidentes, cortes, batidas** – agressão contra si mesmo, não aceitar-se ou à sua identidade.
- **Amnésia, demência** – negação de quem é, da sombra, de seus sentimentos. Perda da identidade, falta de amor por si mesmo, medo de críticas externas.
- **Manias, alucinações** – tentativa de criar um outro mundo, onde se possa fugir para não enfrentar sua identidade e sua sombra.
- **Epilepsia** – desligar-se momentaneamente do impulso de vida. Não aguentar o que sente. Castigar-se.
- **Depressão** – medo de viver em sua plenitude por receio de perder tudo com a morte. Não sentir que tem direito a viver após a perda de alguém amado. Sentir que sua felicidade depende dos outros ou de coisas/situações, levando à perda da autoridade sobre si mesmo e sua identidade.
- **Coceira, dermatite (couro cabeludo ou face)** – coceira, alergias sugerem que você quer "tirar aquilo que irrita", "tirar a pele". Problemas de relacionamento consigo mesmo, ou o que você espera de si. Autocrítica e autocobrança. Falta de amor próprio. Raiva.
- **Queda de cabelo** – estresse, tensão, autoexigência.

- **Alopecia** – romper os limites da autoexigência, ir além do permitido. Ficar vulnerável (perder os cabelos, que protegem). Esgotamento total.
- **Arrancar cabelo** – não admitir sua força. Precisar ser dócil e servil. Arrancar o que não quer (ser forte) pela raiz.
- **Cabelos brancos (precoce)** – perda da força de vida, excesso de trabalho e preocupação, esgotamento. Dar sua vida para o mundo e aos outros, sem que sobre para si mesmo.
- **Cloasmas (manchas de sol)** – não se expor à vida, à força vital, não admitir para si a felicidade. Medo da vida.

# OLHOS

- **Miopia** – não consegue enxergar longe; falta de perspectivas e de autoconhecimento profundo, vida pautada somente por suas necessidades.
- **Hipermetropia** – não se consegue enxergar perto. Conflitos com pessoas próximas; dificuldade de viver o presente e se manter preso no passado.
- **Astigmatismo** – visão desfocada (negar-se a ver claramente o que ocorre).
- **Estrabismo** – dualidade, duas informações que não se combinam. Estar dividido entre caminhos/decisões na vida. Negar a dualidade da vida.
- **Conjuntivite** – inflamação na vista. Raiva de algo que está sendo percebido/visto e precisa ser posto para fora. Não querer ou não conseguir ver algo.
- **Glaucoma** – pressão intraocular que vai lesando os nervos ópticos. Sentir-se pressionado pela vida, autocobrança interna e externa. Manter-se seguro enxergando apenas sua zona de conforto.

- **Catarata** – quando o cristalino fica opaco. Perder o brilho da vida, a clareza das informações. Não ter alegria de enxergar a vida.
- **Pterígio** – ocorre devido a uma irritação crônica no olho, e causa astigmatismo. Irritação de longa data, algo que não quer enxergar ao seu redor.
- **Cegueira** – não querer contato com o mundo que o rodeia. Não aceitar o mundo que vê, voltar-se para o mundo interno.
- **Choro** – externar sentimentos, não represar sentimentos, seja de alegria, de tristeza, vergonha, raiva etc.

# NARIZ

- **Resfriado** – quando há algum conflito ou crise. Há inflamação, algo a se resolver, situação que está ultrapassando o limite. Fuga da situação. Enfrente-a.
- **Coriza** – chorar pelo nariz. Expressar tristeza, desamparo.
- **Renite** – irritação, raiva escondida. Algo que incomoda no ambiente, na vida, em pessoas com quem convive, que servem como "espelhos" para sua própria atitude e sua raiva.
- **Sinusite** – inflamação do sinus nasal. Secreção acumulada, choro acumulado, irritação abafada, no intuito de querer ser amável, dócil, educado.
- **Adenoides inflamados** – como a sinusite, há um incômodo no âmbito familiar; o indivíduo não se sente acolhido.
- **Hemorragia** – verter sangue, vida, pelo nariz. "Mostrar que está vivo".
- **Entupimento, congestão nasal** – não conseguir respirar, não conseguir receber nem dar, dificuldade de interagir com o mundo e as pessoas que o cercam.

- **Perda de olfato** – o olfato traz memórias, realça sabor. Se não há olfato, há um desligamento com emoções que acentuam nossa vida. Necessidade de sentir-se intocado, sem emoções. Medo de se decepcionar ou se envolver com o mundo.

## BOCA e correlações

- **Amigdalas inflamadas** – sua primeira barreira de defesa foi atacada. Do que você tem medo? O que pode ataca-lo internamente? O que você tem medo de expressar, criar ou mostrar ao mundo?
- **Dor de garganta** – sentir culpa por sua expressividade, criatividade, brilho.
- **Dor no pescoço** – recusa em aceitar uma situação.
- **Maxilar travado ou deslocado** – impedimento à expressão, medo de se expressar.
- **Herpes labial** – feridas inflamadas. Raiva de si mesmo, vergonha de suas atitudes, autocritica em relação à sua sexualidade.
- **Aftas** – calor na boca, raiva, algo "queimando por dentro".
- **Gengivite** – sentir-se incapaz de dar suporte a si mesmo, falta de autoconfiança, medo de tomar suas decisões.
- **Sangramento de gengivas** – decisões forçadas, que não o fazem "vibrar de alegria".
- **Cáries** – corrosão de sua força, de sua capacidade de se defender, de defender seu território. Sensação de estar indefeso.
- **Perda dentária** – recusa em aceitar expressar sua agressividade.
- **Dificuldade para deglutir** – quando "nada passa" literalmente. Algo que causa ódio tão grande a ponto de o corpo bloquear a entrada, como na psique.

- **Comer compulsivamente/obesidade** – buscar compensar a falta de amor, a necessidade de ser amado, através da satisfação pela comida. Buscar se completar e se proteger "crescendo" fisicamente. Medo de expressar sua beleza e sexualidade; achar o corpo e suas funções "sujos".
- **Não comer/anorexia** – sentir que não merece viver. Extremo ódio por si mesmo. Não aceitar ou não saber receber o amor. Sentir-se culpado, errado, querer sumir. Não aceitar a sexualidade expressa no corpo.
- **Bulimia** – igual à anorexia. Vomitar, nesse caso, é negar a si mesmo, tentando se encaixar em padrões e vontades dos outros, desrespeitando-se, negando suas emoções e desejos.
- **Vomitar** – quando algo "cai mal", "faz mal" ou vai "nos estragar por dentro", há o vômito. Também está relacionado à não aceitação ou ao medo de eventos/pessoas estranhas à realidade a que estamos acostumados.
- **Glossite (língua inchada)** – quando todos os "sabores" foram demasiados; pessoa que está extremamente machucada emocionalmente, tentando viver em situações abusivas e tristes.
- **Arroto** – quando se quer ingerir mais do que o corpo aguenta, tomar a vida de um só gole.
- **Boca seca** – falta de vitalidade, energia desperdiçada, necessidade de um ritmo menos acelerado.
- **Boca amarga** – é o "fel" na boca, a raiva e a amargura com alguma situação ou consigo mesmo.
- **Fumo** – infelicidade, busca de satisfação na vida, ao mesmo tempo em que se toma um veneno diário, namorando a morte. Tentar se integrar com outras pessoas, parecer autossuficiente. Falta de amor próprio.
- **Alcoolismo** – semelhante ao fumo, mas acrescenta-se aí a fuga da realidade; não se consegue lidar com suas emoções e cobranças. Tenta atrair atenção e pena. Sentir-se vítima.

- **Drogas** – idem ao alcoolismo/fumo.
- **Dietas frequentes** – controlar o que recebe de amor, nutrição emocional. Pessoa controladora, autocrítica. Não aceitação do seu eu.
- **Radicalismo alimentar (dietas restritas)** – sentir-se impuro, sujo, impróprio. Tentar achar um caminho "elevado", de pureza para o corpo. Não aceitar seus desejos e sua sexualidade.
- **Ficar sem voz (afonia)** – sentir-se incapaz de expressar o que sente, o que "lhe vai na alma". Trancar a voz, literalmente, não permitir a expressão da sombra. Não se aceitar, nem à sua criatividade. Medo de críticas, de não ser aceito.
- **Gagueira** – não conseguir expressar-se. Insegurança. Falta de autoconfiança.
- **Rouquidão** – sentir-se agredido com seu próprio conteúdo interno. Medo de se expressar e machucar.
- **Tosse, pigarro** – dificuldade para lidar com alguma situação ou conflito; tentativa de livrar-se de algum conflito.
- **Não conseguir falar (afasia)** – perda da capacidade de entender o que é falado ou de se fazer compreender. Desconexão com seu mundo interior, seus sentimentos, a sombra, por medo de sentir-se inadequado.
- **Câncer na boca/língua/garganta** – regras rígidas, rigidez de pensamento, que impedem o indivíduo de "nutrir-se" de alegria e boas emoções. Negar a felicidade em troca de padrões radicais de comportamento. Medo de perder o controle e entregar-se à vida, expressar-se livremente.
- **Mau hálito** – desejo inconsciente de distanciar-se das pessoas.
- **Problemas de tireoide** – ser demasiadamente servil, "não ter boca para nada", não fazer valer sua própria vontade. Sentir-se uma vítima da família, das circunstâncias etc. Raiva escondida.

## OUVIDOS

- **Otite, dor de ouvido** – algo que se recusa a escutar, obedecer ou incorporar em sua vida. Crianças com dor de ouvido recorrentes sentem-se agredidas pelo que percebem no ambiente à sua volta. Sentir-se incomodado, submisso, abaixo de alguém.
- **Zumbido no ouvido** – os seus "ruídos internos", insatisfação consigo mesmo é muito grande. Não querer ouvir sua voz interior.
- **Surdez** – definitivamente, querer se isolar do que o mundo externo traz. Não querer mais obedecer, ser uma marionete dos outros. Não querer interagir com o que causa raiva e agride.

## COSTAS e correlatos

- **Dor nos ombros** – sentir-se oprimido pelas responsabilidades, "levar o mundo nas costas. Não ter limites, não saber delegar responsabilidades aos outros.
- **Dor na parte superior das costas (cervical)** – relacionada com a culpa emocional, tristeza, angústia, ansiedade. Sentir-se sozinho lidando com situações difíceis.
- **Dor na parte média das costas (torácica posterior)** – ligada a não conseguir digerir situações sem apoio; necessidade de conselhos e ajuda para colocar o raciocínio, as ideias em ordem, e poder ter novos pontos de vista sobre uma situação.
- **Dor na parte inferior (lombar)** – medo de não conseguir se sustentar ou prover o sustento. Sentir-se incapaz de fornecer algo. Insegurança.
- **Dor na coluna** – falta de confiança em si mesmo (áreas relacionadas com as costas) para lidar com questões emocionais, mentais ou básicas de sobrevivência.

- **Hérnia de disco** – vivenciar situações forçadas na vida, que agridem suas convicções pessoais, sua base de sustentação. Conflitos internos entre suas próprias emoções e seus atos. Carregar um fardo pesado demais. Curvar-se à vida, insegurança.
- **Desvios na coluna** – não conseguir equilibrar forças internas (emoções, o que quer fazer) e externas (o que vive, como age ou deve agir). A coluna é alterada buscando compensar o desequilíbrio emocional. Falta de autoaceitação. Tentar se aceito pelos outros.
- **Fraturas e lesões na coluna** – perda parcial ou temporária de conexão entre a parte inferior e superior do corpo, entre parte instintiva e racional, entre corpo e mente. Por rigidez mental, não aceitação dessa dualidade complementar. Não se aceitar, precisar se punir pelos desejos e emoções. Necessidade de aprender a aceitar seu lado instintivo e racional simultaneamente.
- **Tumores na coluna** – mágoa relacionada à falta de apoio na vida.
- **Calcificação na coluna** – intransigência, rigidez, regras que não podem ser quebradas. Falta de flexibilidade e medo de mudanças.
- **Acidentes que afetam as costas/a coluna** – mostrar a sua fraqueza, excesso de autoconfiança ou autocobrança excessiva.

## TÓRAX e correlatos

- **Dor no tórax** – sentir-se atacado quando se entra numa situação "de peito aberto", sem malícia ou desconfianças. Sentir-se traído por algo ou alguém.

- **Dor no meio do peito, angústia** – sentir-se atacado ou traído emocionalmente por alguém. A "dor de amor", ser mal-amado, não correspondido.
- **Tórax dilatado** – querer tudo para si; achar que tudo deveria ser seu; não saber dar ou doar. Egocentrismo.
- **Dor nos seios** – maternidade ou relacionamento afetivo controlador em relação a filhos e parceiros. Mágoa ou ressentimento por se submeter a alguém emocionalmente carente, que "pede colo" e atenção constante.
- **Câncer nos seios** – mágoa ou ressentimento guardado há muito tempo, por se submeter a alguém carente, e não poder expressar a sua necessidade de atenção e cuidados.

## CORAÇÃO

- **Taquicardia** – sentir-se ameaçado, amedrontado ou excitado com o potencial de vida que existe em si mesmo. Não conseguir lidar com situações que expõem suas emoções. Ter medo de viver plenamente.
- **Bradicardia** – tentativa de se desligar da sensação de estar vivo. Tentar deixar as emoções não interferirem em sua vida. Fugir de suas emoções profundas.
- **Arritmia** – inconstância do ritmo cardíaco, demonstrando o conflito entre entregar-se à vida (emoções e sua sombra) ou desligar-se completamente dela. Quando há tonturas e desmaio, há uma experiência de desconexão da vida.
- **Pressão alta (hipertensão)** – a pressão sobre si mesmo, alta exigência de si mesmo e ser exigido demais pelos outros. Cólera, irritação por não poder seguir seu ritmo de vida. A desconexão com seu *eu* traz a experiência de desconectar-se, quase morrer (tontura, dificuldade de respirar).

- **Pressão baixa (hipotensão)** – negar-se a seguir no ritmo que a vida exige. Não aceitar mudanças bruscas na vida; estar preso à zona de conforto. Medo de se arriscar. Perante o risco de se expor à vida, há desconexão ou rejeição (tonturas, náuseas e desmaio).
- **Entupimento de vasos sanguíneos, arteriosclerose** – não aceitar seus sentimentos, sentir-se fraco ao admitir seu amor ou deixá-lo transparecer. Criar a ilusão de ser forte para esconder dores e mágoas. Perfeccionismo, autocrítica, tristeza ou descontentamento e falta de amor próprio não deixam circular a vida (o sangue)
- **Angina** – quando não se aceita as próprias emoções, quando se nega a entrar em contato com sua sensibilidade por muito tempo. Frieza, falta de carinho e demonstrações de emoção. Negar fragilidade e mágoas ao não entrar em contato com a sua sombra.
- **Ataque do coração** – desconexão total com seus sentimentos. Necessidade extrema de se reconectar com suas emoções e "ouvir-se".

## PULMÃO

- **Tabagismo** – busca lenta da morte. Negar a entrada da vida em si (o ar). Não lidar com a tristeza, tentar substitui-la pelo prazer de fumar.
- **Tosse** – colocar para fora algum conflito. Algo que precisa ser resolvido, conversado ou expressado.
- **Pneumonia** – quando há a insatisfação de viver, percepção de que se doou sem receber nada em troca. Decepção profunda. Não saber lidar com decepção emocional. Sentir-se desvalorizado. Questionar seu próprio valor.

- **Asma** – trauma na infância ou ambiente familiar ruim, sentir-se rejeitado, culpado pelo desequilíbrio familiar ou alguma perda familiar. Extrema necessidade de sentir-se amado.
- **Bronquite** – ser vítima da raiva do meio em que vive (familiar, escolar, trabalho etc). Não saber lidar ou expressar a tristeza, indignação; medo de descontrolar-se. Não saber dar limite, ou não poder dar limite, por sentir-se uma vítima.
- **Pleurite ou pleurisia** – equilíbrio emocional ameaçado pela raiva ou pelo rancor resultante de tristeza inicial. Quando a apatia e submissão dá lugar à revolta, mas não se consegue lidar com isso.
- **Câncer de pulmão** – tristeza não expressa por muitos anos. Perda de alguém amado. Sentir-se incompleto sem alguém que perdeu. Não se sentir amado. Não se amar.
- **Fibrose cística** – rigidez emocional; não se permitir amar e ser amado. Não se permitir viver plenamente. Medo de se entregar à vida.
- **Bronquiolite** – discussões no meio familiar que afetam e entristecem. Não poder ou não conseguir expressar tristeza.
- **Enfisema** – perder a capacidade de interagir com o mundo e se nutrir. Sentir-se separado da vida e das outras pessoas; posto de lado, não amado por si e pelos outros. Extrema dependência do amor alheio. Dedicar-se ao outro sem contrapartida, decepção com o mundo.
- **Doença pulmonar obstrutiva crônica** – a desesperança, a tristeza crônica; a sensação de não se sentir amado e não se amar por um longo período de tempo. Não conseguir ou sentir-se incapaz de interagir com o mundo após perdas emocionais, ou uma vida sofrida.
- *Influenza* **(gripe)** – ambiente contaminado que se quer evitar. Afastamento necessário para a psique.

- **Coqueluche** – estresse emocional, medo de exprimir sua tristeza ou sentimento de não ser amado ou ser trocado por outro amor (chegada de um membro novo na família, por exemplo)
- **Tuberculose** – negar-se a entrar em contato com a tristeza, falta de amor próprio. Negar a alegria de viver (hemoptise). Desistir da vida (do ar)
- **Apneia do sono** – não se permitir entrar em contato com o conteúdo do inconsciente durante o sono. Medo de se conectar com suas próprias verdades e com as mensagens da sombra.
- **Granulomatose de Wegener** – a tristeza dá lugar à raiva pela vida. Qualquer coisa que entre em contato com o calor da raiva é destruída (destruição dos tecidos). Guardar a raiva e a tristeza, não expressar ou não admitir tais sentimentos. Resignação. Sentir-se incapaz de reagir e mudar.

## ABDOME e correlatos

- **Dor referida** – sentimento de culpa sem motivo consciente.
- **Peritonite** – não conseguir captar e absorver as informações e vivências do dia a dia. Não conseguir integrar o que vive com o que sente, selecionar o que é bom ou ruim para si mesmo.
- **Apendicite** – medo de viver, deixar-se contaminar pelo que não é bom para si mesmo, contaminar-se com seu "lixo emocional".
- **Ascite** – igual à peritonite.

## ESTÔMAGO

- **Dor de estômago** – sentir-se atacado por palavras ou atitudes. Não dar limites para atitudes grosseiras ou que magoam. Baixa autoestima.

- **Dispepsia** – o que não consegue ser digerido emocionalmente, fica parado e incomodando. Assuntos não resolvidos.
- **Azia** – raiva ou indignação, conteúdo emocional ou atitude que "não deu para engolir", tentar "dar a volta por cima".
- **Hérnia de hiato** – recusa emocional em aceitar conteúdo verbal ou atitudes que agridem, porém, sem adotar atitudes de autodefesa ou colocar limites.
- **Esofagite** – raiva que machuca por dentro, por não se defender, não impor limites a atitudes abusivas ou humilhantes.
- **Gastrite** – aguentar situações humilhantes, ou nas quais se sinta humilhado, achar que precisa manter aparências, trabalho, etc. Passar por cima de seus próprios sentimentos. Pedindo respeito e amor próprio.
- **Úlcera** – ao continuar a viver situações repetitivas humilhantes, sentir-se magoado e machucado, sem externá-lo. Não entender o sentido de se viver, por não conseguir se defender.
- **Câncer** – acúmulo de situações abusivas, humilhantes, não permitir se defender. Perder o sentido da vida devido à mágoa retida. Não conseguir tirar o que há de bom da vida. Não se respeitar ou amar, sentir-se inferiorizado, não se dar valor.

## PÂNCREAS

- **Pancreatite** – raiva, recusa em receber nutrição emocional ou amor.
- **Diabetes** – não saber receber o amor ou a doçura da vida. Tentar mostrar-se autossuficiente para esconder carência emocional.
- **Hipoglicemia** – não conseguir aproveitar o amor que se tem à volta, ou o prazer de ser amado.

- **Câncer de pâncreas** – quando não se consegue processar sentimentos e aprender com o que viveu. Recusa em integrar a amorosidade no aprendizado.

# FÍGADO

- **Dor no fígado** – excesso de toxinas emocionais. Sentir-se envenenado por dentro. Não lidar bem com novas situações. Perceber que perdeu o controle das situações e não admitir.
- **Hepatite** – quando se acha capaz de "agarrar o mundo com as mãos". Megalomania. Não saber impor limites a si mesmo, nem quando parar. Querer ser tudo para agradar a todos.
- **Hepatomegalia** – como a hepatite, tentar fazer de tudo para agradar a todos. Ir além dos próprios limites, se contaminando com relacionamentos tóxicos.
- **Câncer** – abuso de relacionamentos tóxicos, situações de desrespeito com os próprios limites psíquicos. Sentir que falhou em realizar seus objetivos.

# VESÍCULA BILEAR

- **Colecistite** – entupido de raiva. Raiva mortal estagnada.
- **Cálculo na vesícula ou cálculos biliares** – estocar a raiva em si, sem usá-la como agente transformador de mudanças.

# INTESTINO DELGADO E GROSSO

- **Diarreia** – não conseguir lidar com o conteúdo psicológico ou a carga emocional (nervoso, ansiedade, responsabilidade, medo, autocobrança) e livrar-se disso sem analisar, aprender ou selecionar o que é necessário para si mesmo.

- **Constipação** – tentar reter para si, manter escondido o que considera feio, sujo, impuro. Não querer lidar com sentimentos "pouco nobres". Controlar os outros por prazer.
- **Doença de Crohn** – não conseguir separar o que é bom para si mesmo, sentir-se culpado por deixar sua vida na mão dos outros, tentar livrar-se da responsabilidade sobre a própria vida.
- **Obstrução intestinal** – não conseguir se livrar do que lhe faz mal emocionalmente, dos "lixos emocionais". Não saber lidar com acontecimentos passados que feriram.
- **Perfuração intestinal** – romper a parede do intestino devido a uma infecção significa que a raiva contra si mesmo, por sentir-se incapaz de gerenciar a própria vida, está no limite. Não conseguir livrar-se de seus "lixos emocionais" de forma saudável. Contaminar-se com o lixo emocional.
- **Diverticulite** – quando o estado mental negativo, seu "lixo emocional" contamina seu discernimento e a capacidade de escolher caminhos e atitudes a tomar.
- **Retrocolite ulcerativa ou colite ulcerativa** – negar ao máximo livrar-se daquilo que lhe faz mal, ou de pessoas que lhe fazem mal. Tentar conviver com situações extremas de agressão emocional, não se sentir digno de ser amado de modo saudável. Perda da alegria de viver, rompimento com o motivo de viver (feridas, perda de sangue)
- **Síndrome do cólon irritável** – não saber como lidar com o que não lhe serve mais, com seu "lixo emocional". Não aprender com suas experiências ou seu sofrimento, mesmo sentindo necessidade de lidar com isso. Sentir-se incapaz, fraco.
- **Doença celíaca** – não conseguir fazer a correta absorção de informações, aprendizado e autodesenvolvimento, para a nutrição da psique.

- **Fistulas anais** – abrir forçosamente um caminho para que o "lixo emocional" seja eliminado.
- **Prurido anal** – o "lixo emocional" precisa ser notado, não pode ser ignorado.
- **Câncer** – negar-se a entender, transformar o que aconteceu de ruim, experiências ruins.
- **Hemorroidas** – não permitir ou não conseguir expressar sentimentos considerados "sujos", ruins, indesejados.
- **Melena** – entrar em contato com conteúdo doloroso da sombra, com emoções mais dolorosas. Sentir-se desvitalizado, sem querer viver, com medo de enfrentar a sombra.

## BRAÇOS E MÃOS

- **Bursites, artrites, artroses** – rigidez nas próprias normas, não se permitir conquistar os próprios sonhos, expressar suas criações e sua natureza. Não permitir usar a energia da raiva e determinação para "agarrar a vida". Perfeccionismo. O grau da rigidez e autocrítica aumenta, indo da artrite para a artrose.
- **Dor nos braços** – ir além dos limites impostos como aceitáveis, sentir-se culpado por fazer o que gosta.
- **Dor nas mãos, antebraço** – forçar-se a fazer coisas que vão contra sua natureza interior, estar infeliz com o que traz para o mundo.
- **Síndrome do túnel do carpo (uma inflamação dos tendões, que comandam os movimentos)** – o que a pessoa faz causa insatisfação, raiva, sensação de incapacidade de sair daquela situação de dependência. O corpo sinaliza com a incapacidade de continuar se maltratando emocionalmente.

- **Síndrome de Dupuytren** – espessamento dos tendões; diminui a mobilidade, impede o movimento. Não se permitir fazer, criar, interagir.
- **Fraturas em braços e mãos** – punir-se por sentir culpa em relação ao que quer conquistar, abraçar; culpa em relação aos desejos e às ambições. Também pode representar a parada forçada de algo que está fazendo contra suas emoções.
- **Acidentes, cortes nas mãos** – autopunição, tirar a capacidade de se expressar e criar, dar e receber. Não aceitar seu potencial de dar e/ou receber.

## QUADRIL e correlações

- **Dor no cóccix (final da coluna, a base dela)** – a dor mostra que a pessoa está com dúvidas na escolha de seu caminho no presente. O que manter ou o que deixar para trás?
- **Lesão no cóccix** – resultado talvez de uma queda ou de um acidente, mostra que o corpo está gritando: trate de decidir o que é importante para alcançar seu objetivo.
- **Fratura do cóccix** – negar sua sombra de forma radical traz sinais radicais: você não está se ouvindo!
- **Luxação do quadril ou Displasia de quadril** – demonstra que algo não se encaixa. As pernas não se encaixam à bacia (onde se encontra os órgãos de reprodução). Necessidade de escutar sua missão de vida, seus sonhos, e seguir nessa direção.
- **Epifisiólise (escorregamento do fêmur do colo femoral)** – igual luxação do quadril.
- **Artrite no quadril** – há raiva ou irritação porque os caminhos tomados na vida não foram os realmente sonhados (que calam no seu íntimo); forçar a "parada" pela dor.

- **Artrite séptica do quadril** – como na artrite, mas com uma demonstração clara da raiva, negação das direções tomadas, que estão agredindo seu ser. Não querer mais ser submisso.
- **Artrose no quadril** – estagnação, rigidez e teimosia em se manter em caminhos que não levam a nada que satisfaça o seu ser. Negar-se a se curvar à vontade dos outros.
- **Fratura no quadril** – desconexão entre a missão de vida e o que faz. Raiva, agredir-se por seguir caminhos que não trouxeram plenitude, por imposição ou crenças limitantes. Submissão. Fazer o que os outros querem.
- **Osteomielite (infecção no osso)** – mostra que nossa estrutura emocional está abalada e sendo destruída ou consumida pela raiva e pelo rancor.
- **Osteonecrose da cabeça do fêmur (falta de irrigação sanguínea)** – morrer por falta de nutrição, de algo que dê sentido à vida. Até quando negar sua missão de vida e o que realmente quer fazer?
- **Ciatalgia (ou síndrome do Piriforme)** – tensão extrema, forçar-se além de sua natureza para manter o equilíbrio, quando na verdade já está se sentindo sem rumo ou "sem chão".
- **Lombociatalgia (ou Síndrome da Dor Glútea Profunda)** – tensão extrema, que o faz questionar no que se baseia sua vida, seus objetivos e suas escolhas.
- **Tumores ósseos no quadril/na bacia** – mágoas antigas, por permanecer tempo demais sem ouvir a "sombra", sua voz interior, e seguir caminhos que não trouxeram plenitude na vida, por imposição ou crenças limitantes. Submissão. Fazer o que os outros querem.
- **Infecções pós artroplastia** – consertar o corpo sem mudar os fatores de origem do problema. A raiva que originou a fratura continua ali, e é colocada para fora com a infecção. Se não assumir um compromisso de mudança de rumo consigo mesmo,

será consumido por dentro pela raiva (infecção generalizada, septicemia)

## PELVIS – APARELHO SEXUAL FEMININO

- **Corrimento vaginal** – sentir-se agredida pelo ato sexual ou companheiro. Raiva que se materializa e extravasa.
- **Cisto nos ovários** – dificuldade de lidar com a sexualidade, de escolher entre gerar uma nova vida ou não.
- **Mioma de útero** – sentir-se desvalorizada, abusada, com medo; não conseguir assumir o feminino em si. O mioma substitui o feto que não é gerado.
- **Câncer no ovário** – acumular mágoas, significados negativos para a sexualidade, lembranças dolorosas, bloquear a geração ou propagação daquilo com o que não se consegue lidar.
- **Câncer no útero** – idem ao câncer de ovário
- **Dor no período ovulatório** – sua sexualidade bate à porta. Dificuldade de aceitar o feminino em si. Fase de aceitação e adaptação ao corpo (adolescência).
- **Ovário policístico** – negar o feminino no corpo, medo do abuso, da sexualidade (ganho de peso, aumento de pelos, queda de cabelo acentuada), de gerar outro ser (interfere na ovulação e fertilidade). Evitar o contato sexual (dor na relação).
- **Doença inflamatória pélvica** – negar o feminino, medo do contato íntimo, sentir-se intimidada com a sexualidade em si ou com o companheiro. Medo do abuso sexual ou de reviver antigo trauma. A dor na relação serve para evitar o contato sexual. As náuseas mostram que precisa colocar para fora de si o que não te serve, não te nutre nem agrada. A inflamação e febre, as excreções com cheiro, mostram o calor, a raiva que não está sendo expressa. A dor traz a culpa pelos desejos e pela sexualidade.

- **Infertilidade** – não integrar em si o potencial feminino criador. Negar a maternidade. Medo da responsabilidade de criar. Medo de reproduzir situações negativas que vivenciou.
- **Tensão pré-menstrual** – conflito em aceitar a manifestação do feminino no corpo.
- **Sangramento intermenstrual (metrorragia)** – perda de vitalidade (sangue) com o exercício da sexualidade. Grito do corpo, sentir-se machucada, ferida com o ato sexual.
- **Irregularidades do fluxo menstrual** – inconstância, conflito na aceitação e integração da sexualidade e do feminino. Culpa.
- **Menopausa precoce** – negar o exercício pleno da sexualidade, a vitalidade. Esconder o feminino em si, anular o feminino em si. Medo. Raiva. Experiências traumáticas.
- **Amenorreia** – negar a sexualidade, o potencial feminino de gerar. Medo de exercer sua sexualidade. Culpa.
- **Cólica menstrual (disminorréia)** – revolta, raiva, culpa pelas manifestações da plenitude da sexualidade no corpo. Sentir as funções sexuais como inadequadas ou "sujas".
- **Frigidez** – negar completamente sua sexualidade, suas vontades. Sentir as funções sexuais e os desejos como inadequados, sujos. Querer dominar a situação, estar no controle.
- **Cervicite, endocervicite** – irritação, raiva, sentir-se agredida com a relação sexual ou com o exercício da sexualidade. Trazer para o presente experiências negativas com a sexualidade. Evitar o contato, sentir-se ameaçada.
- **Vaginite** – idem à cervicite.
- **DST (doenças sexualmente transmissíveis), AIDS** – sentir culpa pelo exercício da sexualidade, punir-se pelo exercício da sexualidade.
- **Prurido vaginal** – querer "arrancar fora" o que evidencia o seu *eu* feminino.

- **Candidíase** – desconforto ou insatisfação nas relações sexuais estabelecidas. Sentir-se obrigada a exercer a sexualidade. Frustração sexual.
- **Feridas no colo do útero** – mágoa, trauma, experiências mal resolvidas em relação à sexualidade, ao feminino.
- **Prolapso uterino** – algo que enfraqueceu a sexualidade, a ponto de negar e impedir a sua expressão. Traumas antigos. Abusos. Não aguentar mais uma situação que passou dos limites, em termos sexuais.
- **Endometriose** – estar dividida entre gerar uma nova vida ou não admitir o potencial feminino em sua plenitude. Ele já invadiu até onde não precisava, pedindo para que olhe para ele. Aceite-se. Ame-se. Na iminência da perda é que damos valor.
- **Aborto espontâneo** – querer exercer o papel de gerar uma vida, mas não se sentir preparada. Dúvidas em relação ao tempo certo de ser mãe ou exercer outros papéis (no trabalho, no estudo etc.).
- **Gravidez ectópica ou gravidez tubária** – como no aborto espontâneo, assumir o papel materno/feminino ainda não é fácil. Como a gravidez acontece num lugar incapaz de vingar, mostra incerteza entre cumprir um papel feminino e assumir seu próprio querer.
- **Gravidez de risco** – estar dividida entre assumir seu potencial de gerar uma vida, fortalecer laços emocionais com o parceiro, envolver-se no processo de assumir o papel de mãe e suas responsabilidades.

## APARELHO SEXUAL MASCULINO

- **Dor no pênis** – não aceitar a sexualidade como algo saudável, sem culpa.

- **Dor na próstata, prostatite** – sentir que está se desligando da sua natureza masculina, não conseguir exercer seu poder, não conseguir resolver problemas. Perda de sua força, vulnerabilidade exposta.
- **Tumor na próstata** – não se sentir íntegro com sua própria natureza. Anular sua natureza masculina. Culpar-se por insucessos na vida. Sentir-se insignificante.
- **Hiperplasia de próstata** – não conseguir dirigir a própria vida. Autoritarismo para esconder falta de autoestima.
- **Hérnia inguinal** – interromper o fluxo criador. Sentir-se incapaz de criar.
- **Infecção urinária crónica** – conflitos de longa data com a parceira.
- **DST (doenças sexualmente transmissíveis), AIDS** – sentir culpa pelo exercício da sexualidade, punir-se pelo exercício da sexualidade.
- **Infertilidade** – não reconhecer em si a potência da vida.
- **Impotência** – sentir-se diminuído, intimidado pela mulher. Sentir-se sem poder.
- **Ejaculação precoce** – ansiedade, falta de segurança e autoconfiança, vulnerabilidade desmascarada. Não conseguir lidar com sua sensibilidade.
- **Priapismo** – ter que demonstrar-se forte, mesmo que isso cause sua destruição.
- **Fimose** – não expor sua sexualidade, não admitir para si sua sexualidade.

# RINS

- **Nefrite, glomerulonefrite** – jogar para o parceiro (sexual ou em outras relações sociais) a responsabilidade de um relacionamento equilibrado. Não reconhecer ou validar sua importância para um bom relacionamento.

- **Infecção urinária** – dificuldade de relação com o parceiro.
- **Cálculo renal** – acúmulo de antigas situações que não foram resolvidas e expelidas de sua vida psíquica. Remoer problemas antigos, não relevar situações. Estar estagnado na vida, preso ao passado.
- **Cólica renal** – tentativa do corpo de forçar a pessoa a sair da estagnação e caminhar para o futuro.
- **Obstrução urinária** – qual problema com meu parceiro eu não quero deixar aparecer? Qual aspecto de minha sombra eu não consigo encarar?
- **Insuficiência renal (aguda e crônica)** – sentir-se independente e demonstrar autossuficiência, não encontrar o parceiro ideal, busca eterna da cara-metade. Falta de amor por si mesmo, busca do amor fora de si mesmo, de forma enganosa, artificial.
- **Tumores renais** – mágoa profunda conectada ao relacionamento amoroso, conjugal ou a relações familiares importantes. Carência profunda de afeto.

## BEXIGA E URETRA

- **Incontinência urinária** – ultrapassar o limite de preocupações e ansiedades que não se resolvem. Largar mão.
- **Enurese noturna infantil** – não conseguir lidar com situações conflitantes no meio familiar; medo ou exigências severas.
- **Bexiga neurogênica** – não ter forças para lidar com as ansiedades; não conseguir ater-se ao presente.
- **Prolapso de bexiga** – sobrecarregar-se com problemas que não pertencem a si mesmo.

- **Câncer de bexiga** – não saber viver no presente. Buscar no futuro, ou esperar dele a solução para seus problemas.
- **Cistite intersticial** – quando ansiedade extrema causa raiva.
- **Uretrites gonocócicas e não gonocócicas** – não aceitar sua sexualidade ou seus desejos sexuais. Não aceitar seu corpo. Vergonha do corpo.

## PERNAS e correlatos

- **Dor nas pernas** – não querer sair do lugar, medo de seguir em novas direções. Insegurança.
- **Cãibra** – exigir além de sua capacidade. Querer seguir vários caminhos ao mesmo tempo.
- **Fratura** – não se permitir ir além.
- **Acidentes** – impedir-se de ir para frente, trilhar caminhos novos. Proibições ou medos podem ser as causas.
- **Amputações, cortes** – não mudar velhos hábitos, insistir em velhos caminhos que fazem mal ou não levam a nada; manter-se na zona de conforto a qualquer preço.
- **Artrite no joelho** – dilemas em relação a escolhas de vida. Revolta em relação a dependência. Falta de flexibilidade ou vontade de enfrentar caminhos novos. Teimosia.
- **Artrose no joelho** – rigidez, não aceitar novos caminhos. Negar seus próprios caminhos em prol de outra pessoa. Teimosia. Agressividade reprimida.
- **Fraqueza nas pernas** – não se sentir capaz de tomar seu próprio rumo. Dependência emocional, insegurança.
- **Varizes** – resistir a novas ideias. Travar o fluxo de vida, com antigas decisões que já não servem.

## PÉS

- **Dor nos pés** – sobrecarregar-se; cobrar-se para encontrar seu caminho.
- **Artrite nos pés** – não conseguir compreender aonde "seus pés o levaram" até o momento. Revolta com a vida que escolheu.
- **Artrose dos pés** – não admitir escolhas erradas. Punir-se. Culpar-se por escolhas de vida que o trouxeram até a situação atual.
- **Fascite plantar** – indecisão de caminhos futuros. Não saber qual estrada é melhor para si.
- **Fraturas** – recusa em sair da zona de conforto. Sentir-se ameaçado com mudanças na sua vida. Problemas com aquilo que considera sua base (trabalho, relações, etc.). Rigidez quando há desequilíbrio.
- **Acidentes** – tentar impedir o avanço rumo ao futuro. Medo de se afastar das escolhas já feitas.
- **Entorses e luxações** – Forçar uma parada para analisar a situação e as escolhas (de vida, trabalho etc.).
- **Cortes e amputações** – "Cortar o mal pela raiz", impedir de prosseguir em caminhos novos, ou novas escolhas.

## PELE, SANGUE, MÚSCULOS E FÁSCIAS

- **Fibromialgia** – sentir-se culpado, sem possibilidade de ação diante de uma vida que não quer. Sentir-se inferiorizado, subjugado pelas circunstâncias.
- **Síndrome de Guillain-Barré** – apartar-se de dores profundas; tentar desconectar corpo e mente.
- **Lúpus (*AR like*, eritematoso sistêmico)** – sentir culpa por não corresponder às expectativas do mundo que o cerca, agredir-se, perder conexão com o que dá sentido à vida. Falta de amor

próprio; viver para os outros, sentir raiva de si mesmo, submissão e dependência.

- **Câncer de pele** – mágoa por ser agredido pelo meio com o qual se convive. Sentir-se agredido pelas relações sociais e afetivas estabelecidas.
- **Dermatites** – sentir que não pode sair de determinada situação irritante, de convívios hostis, estressantes ou humilhantes. Manter-se em relações de convívio social ou de trabalho por não se permitir mudar.
- **Psoríase** – não aceitar o ambiente em que está vivendo. Sentir-se subjugado, inferiorizado pelo ambiente. Ter conflitos em relações pessoais próximas.
- **Hanseníase** – perder sua identidade, sentir-se invadido pelo meio com o qual se convive. Mudanças de ambiente de convívio que possam ser agressivas para a identidade.
- **Fogo selvagem ou pênfigo** – acontecimentos estressantes e dolorosos, traumáticos, que não são processados e irrompem a barreira dos sentimentos, extravasando a dor.
- **Vitiligo** – situações de estresse extremos, que afetaram o campo de relações afetivas e com o mundo ao redor.
- **Acne** – explosão de sentimentos e sensações na pele, compensando a falta de expressão ou dificuldade de expressão e/ou entendimento.
- **Leucemia** – não poder expressar-se. Conter-se.
- **Polimiosite e dermatomiosite** – autoagressão contra si mesmo, suas ações (os músculos) e não respeitar seus limites; deixar que ultrapassem seus limites (a pele). Extrema tristeza e humilhação acumuladas.
- **Miotonia** – dificuldade de deixar a tensão ir embora. Estar em alerta, medo.
- **Miastenia grave** – ansiedade, preocupação com o futuro, perda de energia com eventos não relevantes. Não conseguir direcionar a energia ao que é necessário. Perda de foco.

- **Distrofia muscular** – necessidade de ser amado e desejado. Temor de perda de identidade e da atenção por parte dos outros. Despotismo e manipulação por meio da fragilidade.
- **Anemia** – perder a vitalidade, não se sentir nutrido ou não conseguir reter o amor em sua vida.
- **Trombocitopenia** – não se sentir merecedor da vida. Deixar a vida se esvair.
- **Trombocitose** – tentar bloquear o fluxo de vida. Não se sentir merecedor da vida.
- **Policitemia vera** – ânsia de viver.
- **Linfomas** – quando o indivíduo não sabe se defender, ou desiste de se defender dos fatores emocionais que o agridem. Falta de amor próprio. Mágoa.
- **Dor miofascial** – estar em situação estressante, emocionalmente difícil; não lidar com a dor emocional e não pedir ajuda.

## DOENÇAS DEGENERATIVAS

- **Mal de Alzheimer** – orgulho escondendo a necessidade de atenção e amor; múltiplas revezes e decepções na vida, descontentamentos; tentativa fracassada de manter a máscara de superioridade e autossuficiência. Fuga da realidade que o agride.
- **Mal de Parkinson** – expressão involuntária de conteúdo emocional guardado. Incapacidade para controlar a si mesmo e aos outros. Tirania.
- **Esclerose lateral amiotrófica** – rigidez mental e emocional. Inflexibilidade. Aguentar situações traumáticas fugindo dos sentimentos, não entrando em contato com a dor.
- **Esclerose múltipla** – idem esclerose lateral amiotrófica.

- **Osteoporose** – perder as estruturas, perder o que te sustenta, as convicções ou os sonhos. Perder o motivo para "continuar de pé".

Tenho certeza de que esta lista está longe de esgotar todos os inúmeros sintomas possíveis catalogados pela medicina. E nesse momento é provável que você esteja se perguntando: e tal doença o que significa? E aquela outra?

Olha, se você compreendeu a lógica existente entre a parte do corpo que adoeceu e a função que ela exerce no organismo, é fácil entender qual tipo de emoção deve estar sendo represada naquele lugar e o que seu corpo está procurando te dizer.

Também faço um alerta para aqueles que adoram colecionar doenças, por pura distração e/ou por se mostrar a melhor forma encontrada para chamar a atenção nos últimos tempos: cuidado para não acrescentar mais algumas para a sua coleção, algo que você só fez até agora por desconhecer sua existência.

Essa lista de sintomas com seus respectivos significados serve apenas para auxiliá-lo na compreensão do porquê adoecemos, uma vez que o primeiro passo para a cura é identificar o que você está fazendo a si mesmo.

Mas a aprendizagem mais importante começa agora: como é possível curar tudo isso e evitar adoecer novamente por não saber lidar corretamente com suas emoções.

Então, na terceira e última parte deste livro você vai conhecer o poder da gratidão e realizar a jornada que abrirá portas para uma nova vida, muito mais saudável, equilibrada e feliz.

> "Saber e não fazer,
> ainda não é saber."
>
> –Lao Tsé

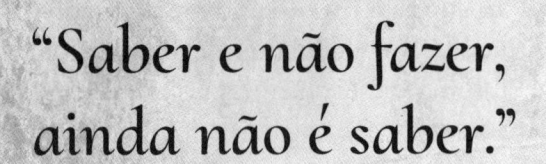

# Terceira Parte

# A jornada da gratidão pela saúde

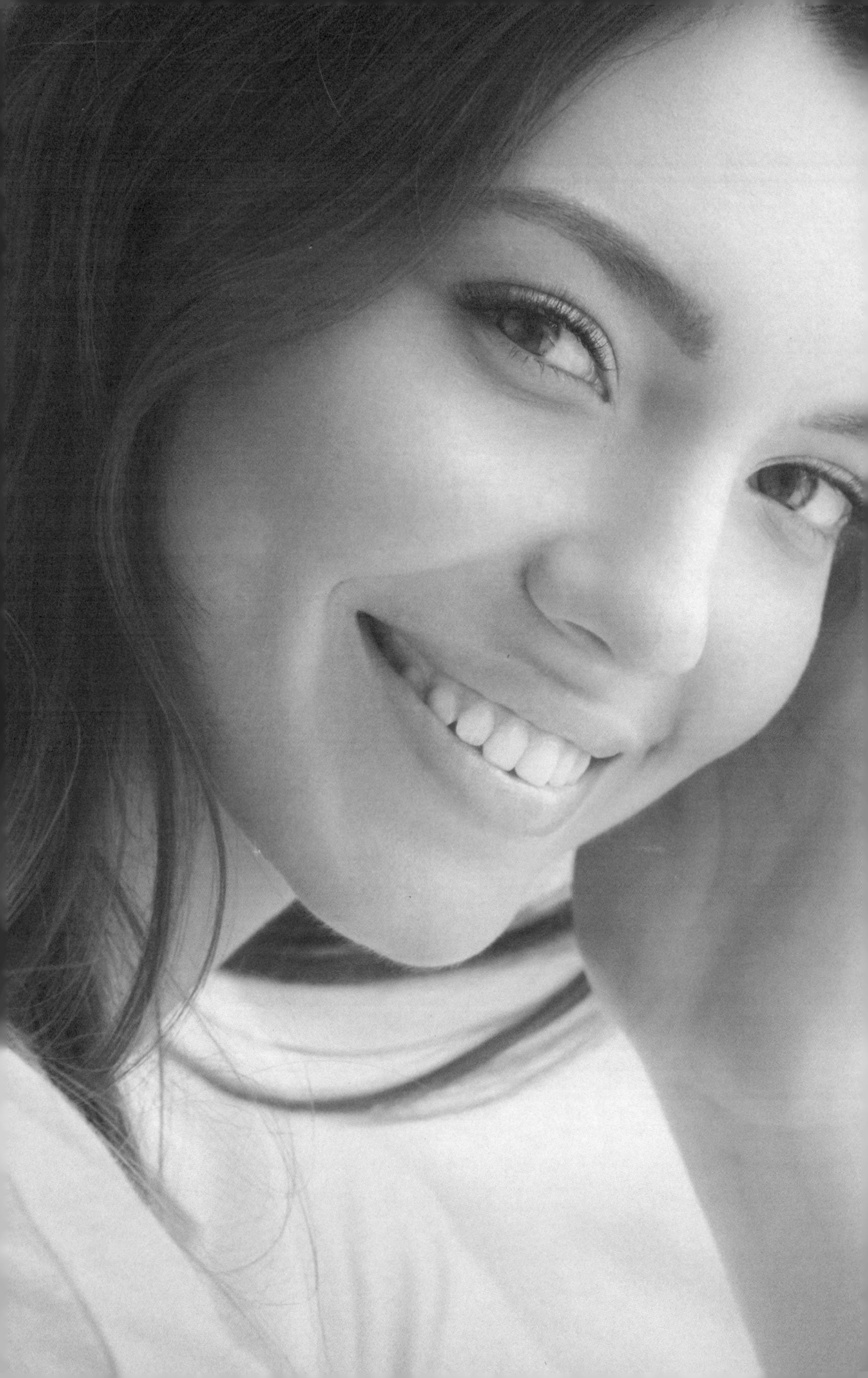

# Como a gratidão pode curar a sua vida

Nesse momento em que se inicia a nossa *jornada da gratidão* para transformar a sua saúde, você entenderá porque o agradecimento potencializará os resultados. Eu tenho uma frase que me acompanha: *"a vida te dá mais do mesmo"*. Isso é uma verdade poderosíssima, e quero explicar-lhe isso adotando um outro ponto de vista.

Quando estamos com alguma dor, algum desconforto, qual é a primeira coisa que fazemos? Reclamamos disso, correto? Preciso, portanto, compartilhar contigo a reflexão que um dos palestrantes do Comgratidão, Aldo Novak, fez em sua apresentação.

*"Reclamar é péssimo, porque você fica pedindo ao Universo que sua dor, ou seja lá o que for, continue. Não acredita? Ao procurar a origem da palavra 'reclamar', encontramos que ela vem do latim, com o significado original de 'repetir, tornar a dizer, pedir outra vez'. Clamar é pedir, solicitar. O prefixo 're' significa 'outra vez'."*

Ou seja, cada vez que você "reclama" da sua dor ou doença, está pedindo para que ela continue mais um pouquinho contigo! É isso que você quer?

Pois é por isso que agradecer é muito melhor e mais poderoso. O Universo não entenderá que você quer mais daquilo, nem que está "conformado" com a dor, com a doença. Você sairá da frequência da dor, e irá para a frequência oposta, a da saúde.

Como expliquei na primeira parte deste livro, nossa mente é moldada por pensamentos automáticos, que achamos ser verdadeiramente nossos. Na maior parte das vezes, esses pensamentos são repetições de padrões que aprendemos em nossa infância. O cérebro não perde energia fabricando novos pensamentos, na maior parte das vezes. Ele só "abre os arquivos" relacionados ao assunto tratado e despeja na mente aquelas "crenças" que tomamos como "verdades". E como você já sabe, algumas dessas crenças são limitantes e, porque não, destrutivas.

Temos várias crenças em relação à saúde, trazidas principalmente do meio familiar, que podem nos atrapalhar. Quer exemplos?

*"Todos da minha família são diabéticos* (ou cardíacos, gordos, morrem cedo, artríticos, têm câncer...) *então é melhor eu aproveitar e...* (qualquer frase que signifique "meter o pé na jaca").

*"Todos lá em casa dizem que sou desastrado. Já virou até lenda. Aonde eu vou, sempre tropeço, desde criança".*

*"Não posso pegar um golpe de ar, pois posso me resfriar. Minha avó morreu de pneumonia assim".*

*"Esse menino? Já quebrou tudo quanto é osso. Ave Maria! Parece que nasceu para viver quebrado"!*

*"Fui uma criança muito frágil, por isso não posso me esforçar até hoje".*

*"Minha alergia é hereditária. Não adianta eu tratar".*

*"Quando vou para a praia, minha dor de cabeça some. É só eu ver a placa indicando minha casa que volto a ter dor de cabeça".*

Essas frases corriqueiras, que falamos quando contamos nossa história ou a de nossa família, definem a nossa saúde, e bem mais do que você possa imaginar. Cada vez que as repete, reforça a ideia e *dá uma ordem ao seu inconsciente* para: morrer cedo, ter diabetes, ter câncer, continuar alérgico, sentir-se sem energia e fraco, ter artrite e tudo o mais que ficar repetindo como sua "sina" em relação à saúde.

Soam tão naturais, por falarmos desde "sempre", que dificilmente paramos para nos perguntar se aquilo tudo é realmente verdade.

Gosto de explicar o funcionamento do cérebro comparando-o a um computador. Enquanto o cérebro e os nervos são o "*hardware*" – a estrutura física –, a nossa mente subconsciente é o "*software*" – o programa que faz a estrutura funcionar. O que recebemos de informações através do que ouvimos, vemos, experimentamos (mente consciente) serve para "alimentar de informações" o nosso cérebro (igual ao teclado, ao *mouse* ou à tela do computador, por exemplo). A nossa mente subconsciente não julga o que recebe. Ela somente aceita e faz de tudo para cumprir as ordens do consciente.

Se o seu pai ou alguém que você enxergava como uma autoridade dizia constantemente frases do tipo: "*não corra por que vai cair e se machucar*", ou,, "*menina, não durma de cabeça molhada que você pega resfriado*", ou ainda "*muito riso, pouco juízo*", saiba que, muitas vezes repetidas, elas tornam-se ordens para seu subconsciente. Este fará de tudo para sua crença ser verdadeira. Conforme o que ouvimos sobre nossa saúde, as doenças de família ou como nossos pais diziam que era a *nossa* saúde, criamos essa programação mental.

Da mesma maneira, também absorvemos a forma como a nossa família e o meio social e religioso lidam com as doenças e com o corpo. Uma diferença que provavelmente você conhece se apresenta nas diferentes regiões do país em que se vive, ou na origem de seus pais e avós. Ela também aparece na forma como o corpo é visto em diferentes culturas. Quer ver?

» Povos expressivos, dramáticos quando o assunto é doença (quem já não ouviu falar da "mãe italiana", da "mãe judia" ou das "carpideiras").

» Povos que controlam as emoções e expressões quando o assunto é doença (orientais e europeus ocidentais em geral são ensinados a "manter a linha").

» Culturas em que a mulher precisa se calar e os mais novos precisam obedecer às autoridades sem questionar, mesmo que seja abusivo.

» Sociedades nas quais é preciso aguentar o que "deus dá", porque tudo é difícil. Melhor um pássaro na mão do que dois voando (mesmo que não se goste daquele pássaro...).
» Meio social em que o medo da morte é um fato, falar de morte é um tabu, e estar doente é estar condenado.
» Culturas nas quais o corpo é visto como fonte de pecado (e não de alegria ou prazer), e, portanto, motivo de culpa.

A forma como uma cultura ou uma comunidade encara a doença (pode ser um castigo, um sinal ou uma desgraça) programa milhares e milhares de pessoas em relação à própria saúde, assim como o modo como lidam e enxergam seu próprio corpo, e a maneira como enfrentam a doença quando ela surge. Comigo e com você certamente não foi diferente. Essas programações são as chamadas *crenças limitantes*, como já comentei anteriormente.

O que preciso que você absorva é que pensamento é **energia**. E como você já sabe, energia se propaga em ondas. Temos que alinhar essas ondas (pensamento + sentimento + ação) para que você possa se conectar com a saúde em sua vida.

Se você está me acompanhando até aqui, deve ter percebido que a maior parte das doenças são causadas por:

» mágoa, raiva (sentir-se vítima de alguém/ de uma situação).
» medo ou insegurança de sair do que considera seguro (zona de conforto).
» baixa autoestima (não se amar).
» carência (não se sentir amado).
» sentir culpa, não se sentir bom o bastante (sentir-se inferior).

Se nosso sentimento (nossa emoção) não estiver alinhado com a vontade de ficar saudável, se reclamarmos dos sintomas que apresentamos ou da doença que temos, ou, ainda pior, se ao invés de você dizer "eu estou com artrite" você disser "eu *tenho* artrite" ou "eu *sou* uma pessoa artrítica", sua energia **não estará alinhada com a saúde!**

Tudo é uma combinação desses fatores ao fato de eles não serem expressos, falados, confessados, trabalhados, entendidos e **MUDADOS.**

Pois é exatamente isso que proponho a você que hoje inicia essa jornada comigo. Juntos nós vamos alinhar a sua forma de sentir-se, expressar seu pensamento e agir com Gratidão.

Olhe para si mesmo da maneira mais honesta possível. Este é um trabalho pessoal, que vai beneficiar primeiramente a você mesmo, portanto, não é mais necessário mentir sobre o que sente. Eu não vou ler suas anotações e não tenho a capacidade de ler pensamentos.

Encare seus medos, sua raiva, suas culpas, suas exigências consigo e com os outros. Pense em suas resistências, no que gosta e não gosta em si mesmo e nos outros. Esse primeiro passo é extremamente necessário.

Em cada um dos 33 exercícios aqui propostos, através da Gratidão, você entrará em contato com todo o seu potencial de cura, **amando e agradecendo tudo o que há em você**: cada sinal que teu corpo apresentou, que, por sua vez, ofereceu a possibilidade de você se lapidar e tornar-se alguém muito melhor.

Se você pensar: *"quero ser saudável e honesto comigo mesmo"*, olhar para seu sintoma/sua emoção guardada e disser *"aceito você e agradeço por me ensinar mais uma lição"*, e então tomar atitudes para liberar essas emoções, aprender a lidar com elas – agradecendo o processo de crescimento que virá disso –, você estará, por intermédio da Gratidão, alinhando sua energia para um só objetivo: **sua saúde**.

Na verdade, adentrar essa jornada de Gratidão refletirá posteriormente nas pessoas que convivem com você. Cada atitude destrutiva que mudamos em nós mesmos serve de exemplo para que nossos filhos, netos, parceiros, amigos e nosso grupo social, mudem. De uma forma silenciosa, ao nos permitirmos ser saudáveis e gratos, "permitimos" que os outros o sejam também.

Portanto, pare de reclamar (pedir de novo) a partir de agora, e comece a agradecer pelo que tem. A gratidão nos conecta diretamente com o que temos nesse instante, e mostra que tudo está na hora e no lugar certos.

Está lendo? Agradeça seus olhos. Está escutando alguém ler para você? Agradeça seus ouvidos. Sente dor? Agradeça por conseguir sentir. Seu sistema imunológico ficou "doidinho" e lhe causou uma doença autoimune? Agradeça porque ele estava só tentando te proteger!

Sim, às vezes é preciso um pouco de graça e ironia para achar motivos para ser grato. Uma conhecida minha, após um derrame, precisou usar uma bengala para poder andar. Ela realmente se empenhava para tornar tudo mais leve; ao pegar a bengala, dizia: *"Estou tão poderosa e cheia de charme que vou ganhar o concurso de Miss meia-idade"*!

Estou pronta para iniciar a jornada com você, e te dar a mão nessa estrada da Gratidão. Vem comigo.

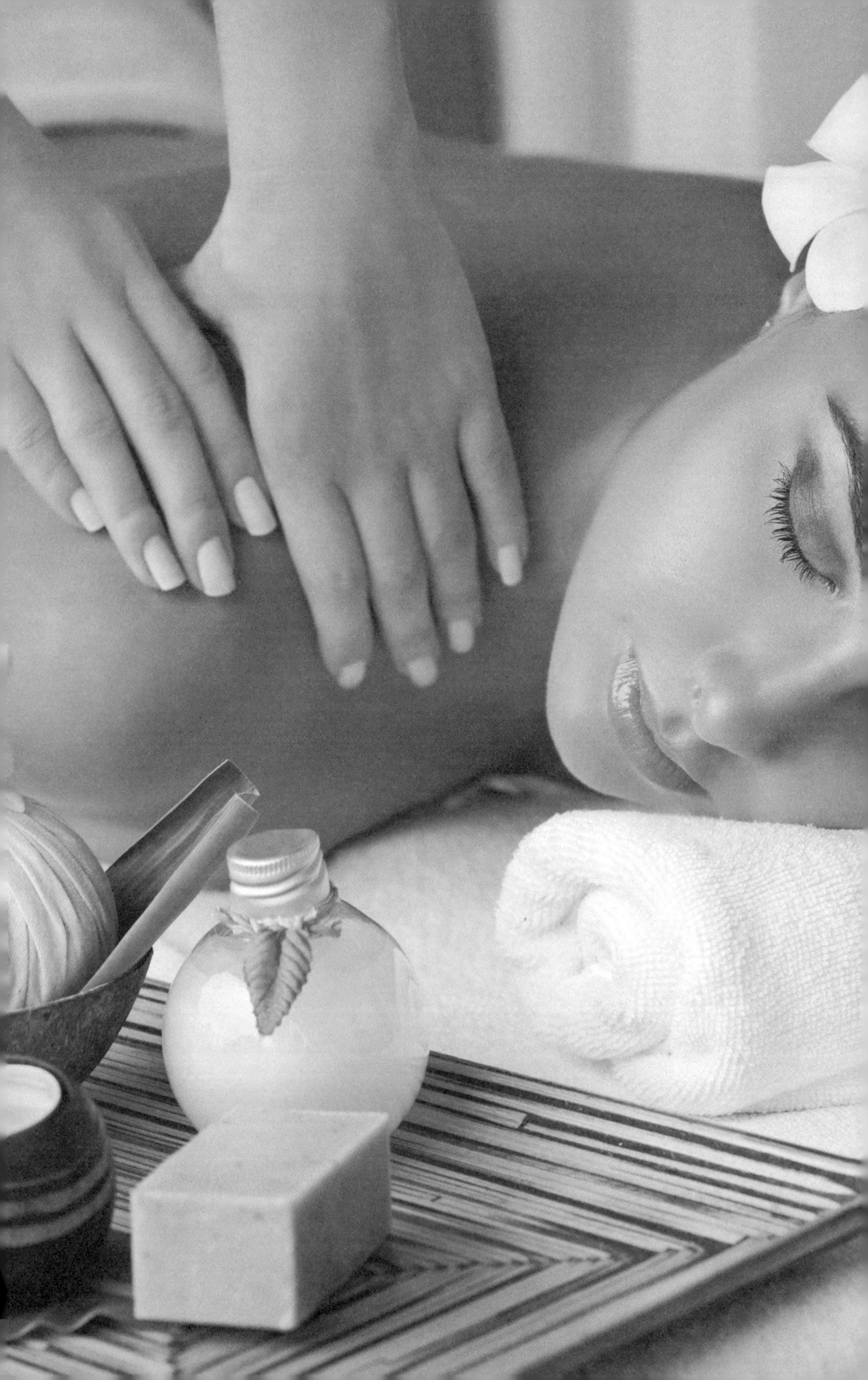

# Comece agora a jornada da saúde

E aí, preparado para começar sua Jornada da Gratidão pela Saúde? Costumo dizer que só valoriza a saúde quem já a perdeu, ainda que temporariamente, para alguma doença. Se este é seu caso, participar dessa jornada permitirá que você volte a restabelecê-la.

Mas se você é o tipo de pessoa precavida, que não espera o problema bater à sua porta para agir, ficará ainda mais feliz realizando os exercícios propostos, pois não vai precisar pagar um preço tão alto para descobrir quanto vale cuidar verdadeiramente da saúde de maneira preventiva.

Por favor, não pense que você vai participar da jornada uma única vez; gratidão em sua vida será uma prática com data para começar, mas sem data de término. Responda-me o seguinte: por quanto tempo você quer permanecer saudável? Uma semana? Um ano? Dez anos? Até o final de sua vida? Então durante esse mesmo período você vai precisar exercitar a gratidão.

Agora relaxe, vamos fazer dessa prática algo leve e prazeroso, que seja incorporado à sua rotina diária de modo a tornar-se um hábito que aconteça automaticamente, sem exigir um esforço extra de sua parte.

Você perceberá que todos os exercícios, de uma forma ou de outra, vão trabalhar em sua cura emocional. Isso, por sua vez, vai gerar a cura física ou ainda impedir que você desenvolva outras doenças que pegam carona na maneira inadequada como você pode estar lidando com suas emoções.

E o trabalho de cura emocional realizado aqui terá como pilar central o **AMOR**. Isso mesmo. Todos os desequilíbrios do fluxo emocional escondem uma falta de amor por você mesmo, pelas pessoas à sua volta, pelo mundo ou pela própria vida. É este o ponto especifico que vamos bombardear com diversos exercícios.

Veja bem, não estou lhe prometendo a **CURA** – nem mesmo seu médico, por mais conceituado que seja, pode fazer isso. As vezes o ser humano tem a onipotência de brincar de Deus, mas eu com certeza não me atrevo a fazer isso. Talvez a sua doença seja necessária para que você escape de armadilhas maiores. Mas acredito num Deus que nos quer saudáveis e felizes. Então estou colocando à sua disposição conhecimentos que adquiri lidando com mais de 250 mil pessoas ao longo dos meus 24 anos de trajetória profissional, para que você possa usufruir deles da melhor forma possível.

No entanto, a minha influência em seu processo de cura é apenas uma pequena parte; o grande poder para realmente alcançar excelentes resultados está em suas mãos, na forma como você vai aplicar tudo o que está aprendendo, permitindo-se eliminar as crenças limitantes e os sabotadores que lhe trouxeram à situação de sofrimento em que você pode se encontrar hoje. Então vamos unir nossas forças, combinado?

De acordo com o estudo realizado por Jane Wardle, do University College de Londres, publicado no *European Journal of Social Psychology*, são necessários de **33** a **66** dias para transformar um novo objetivo ou atividade em algo automático.

Por isso optei por fazer para você uma jornada de 33 dias. Se ao final desse período o hábito da gratidão já estiver devidamente instalado, você poderá seguir seu caminho sozinho continuando a praticá-la por sua conta. Agora, se perceber que ainda esquece de agradecer diariamente, recomece a jornada e refaça os 33 exercícios, o que dará um total de 66, o número aconselhado pelas pesquisas.

Procure não interromper a jornada, pois hábitos exigem constância para serem instalados. Mas se você falhar um dia ou dois, não precisa começar do zero, mas ao menos volte 3 exercícios e recomece daquele ponto a fim de conectar sua mente ao processo de aprendizagem que está ocorrendo.

É interessante ler o exercício seguinte na noite anterior para preparar os recursos de que irá dispor, embora na maioria dos casos você só necessitará de sua boa vontade e envolvimento.

Outra coisa interessante que faremos para acelerar o seu crescimento é contar com o apoio da grande comunidade da gratidão que tem se formado em todo o mundo em torno dos meus cursos e livros. Isso é valioso, pois quando a maré sobe todos os barcos sobem, o que significa que compartilhar os seus progressos e saber o que os demais leitores e alunos têm alcançado influenciará seu cérebro positivamente, aumentando seus resultados.

E como faremos isso? Vamos compartilhar nossa caminhada no facebook. Funcionará do seguinte modo: você vai tirar fotos de algumas coisas que vamos produzir na jornada e postar em seu facebook escrito o seguinte **#jornadadagratidao, #agratidaotransformasuasaude** e também **#marcialuz**. Assim quando qualquer um de nós digitar no campo pesquisar do facebook **#jornadadagratidao, #agratidaotransformasuasaude** e também **#marcialuz** vai visualizar tudo o que os demais leitores deste livro postaram. Isso vai criar uma grande comunidade de gratidão na internet. Além disso, em minha *fanpage* sempre realizo a Jornada da Gratidão. Para participar você só precisa entrar no seguinte endereço:

www.facebook.com/marcialuz.fanpage

A partir de hoje você verá que saúde não é uma questão de ter herdado a melhor genética, e sim de equilibrar suas energias e lidar corretamente com suas emoções.

Então vamos começar imediatamente a nossa jornada. Vem comigo.

# Dia 1

## O Caderno da Gratidão pela saúde

Este é nosso primeiro exercício e ele vai nos acompanhar durante os 33 (ou 66) dias de sua **Jornada da Gratidão pela Saúde**.

Os alunos do curso, ou os leitores dos livros *A Gratidão Transforma* e *A Gratidão Transforma a sua Vida Financeira*, já fazem esse exercício. Se for esse o seu caso fique atento, pois, ao final desse capítulo vou explicar como você deve proceder para adaptar o seu caderno da Gratidão ao caderno da Gratidão pela Saúde. Combinado?

Escolha um caderno que considere especial para ser o seu **Caderno da Gratidão pela Saúde**. Nada de reaproveitar agendas velhas ou fazer um arquivo no computador. É importante que seja um caderno físico que o agrade porque irá acompanhá-lo durante todo esse período e possivelmente continuará sendo seu maior aliado na prática da gratidão, mesmo depois que encerrar a jornada.

Se seus dotes artísticos colaborarem, enfeite seu caderno, personalizando-o; se esse não for o caso, escolha uma capa que fale com sua alma, porque esse caderno será muito significativo em seu processo.

E se a família quiser aderir à jornada, os resultados serão ainda maiores; nesse caso cada integrante escolherá seu caderno individual. Em minha casa, cada um de nós tem seu caderno e a prática da gratidão já faz parte da rotina da família.

E o que você vai fazer com o caderno uma vez escolhido e preparado? Você vai começar a enumerar todas as bênçãos relacionadas à sua saúde, as que já ocorreram, as que estão presentes hoje e as que começarão a acontecer durante sua jornada.

O desafio é anotar 3 agradecimentos ligados à área da saúde por dia, e isso faremos todos os dias a partir de hoje. Isso significa que ao final da jornada sua lista de agradecimentos estará com 99 ou 198 itens (para aqueles que optarem por continuar a jornada até o 66º dia).

O ideal é que você não repita o mesmo agradecimento mais de uma vez, porém, se por algum motivo é bem importante para você repetir porque aconteceu algo significativo, não há problema algum.

No início talvez seja difícil encontrar 3 agradecimentos por dia, mas conforme for exercitando, perceberá que é capaz de lembrar-se de muito mais que 3 motivos ligados à área da saúde para agradecer.

Queremos compartilhar essa experiência com nossa comunidade de pessoas que querem ajudar a transformar o mundo, então você pode tirar uma foto de seu caderno e postar em seu facebook, lembrando de colocar **#jornadadagratidao, #agratidaotransformasuasaude** e também **#marcialuz** para que todos possam encontrar sua postagem.

Aprender a ser grato é muito poderoso, porque a vida nos dá mais do mesmo. Se você agradece pela saúde, ainda que ela esteja precária, mais saúde terá. Procure se concentrar nas áreas de seu corpo que estão funcionando bem e a energia positiva que você concentrará ali vai fluir para os outros órgãos que precisam se restabelecer.

Quando você adquirir o hábito de agradecer mais, automaticamente perceberá que está reclamando menos. Quando aumentamos a luz de uma sala, a escuridão diminui; não há espaço para ambas. E isso vai mudar completamente a maneira como as coisas passarão a ocorrer em sua vida. De repente tudo vai começar a fluir, afinal você substituiu a qualidade das sementes que está plantando e a colheita será muito mais positiva.

Quando terminar de escrever os 3 itens do dia, releia-os e diga 3 vezes em voz alta: *"obrigado, obrigado, obrigado"*; ou, se preferir, diga: *"sou grato, sou grato, sou grato"*.

Antes de dormir, pegue seu Caderno da Gratidão, olhe o que anotou pela manhã e, se quiser, inclua mais alguns itens. Leia em voz alta os agradecimentos do dia e diga após cada frase: *obrigado, obrigado, obrigado,* ou *sou grato, sou grato, sou grato.*

Quanto aos motivos para agradecer, você pode escolher dos mais simples aos mais significativos, dos gerais aos específicos, os do seu passado, presente ou as bênçãos que você sabe que o futuro está reservando. Mas lembre-se: todos devem estar ligados à área da saúde de alguma maneira, inclusive as atitudes preventivas que você vier a tomar.

Veja a seguir alguns exemplos de motivos para ser grato ligados à área da saúde que podem ocorrer no seu dia a dia:

- Cura de uma doença
- Emagrecimento
- Mudança de hábitos alimentares
- Prática de esportes
- Exercícios de meditação e relaxamento
- *Check up* em dia
- Gratidão aos seus olhos
- Gratidão aos seus ouvidos.
- Gratidão por sua boca.
- Gratidão pelo sentido do tato
- Gratidão pela capacidade de regeneração do corpo
- Gratidão pelo seu sangue
- Gratidão por uma boa noite de sono.
- Gratidão pelo seu cérebro e pelos seus pulmões...

Quanto maior for a sua gratidão, mais rápido perceberá as transformações em sua vida. Então faça do seu Caderno da Gratidão pela Saúde um grande companheiro de hoje em diante.

E para aqueles que já são alunos do curso ou leitores do livro *A Gratidão Transforma*, você poderá utilizar o mesmo Caderno da Gratidão que já possui, só que agora deverá acrescer a sua lista de 10 itens de gratidão diários que já pratica + 3 ligados à área da saúde, porque este é o foco que você optou por dar a esse momento de sua vida.

**Recapitulando**

## EXERCÍCIO NÚMERO 1:
### Caderno da Gratidão

1. Escolha um caderno especial que será o seu Caderno da Gratidão pela Saúde.
2. Todos os dias ao acordar ou antes de dormir, anote três motivos ligados à saúde pelos quais você é grato.
3. Uma vez anotados os 3 itens, releia-os e diga em voz alta 3 vezes: *obrigado, obrigado, obrigado*.
4. Antes de dormir, pegue seu Caderno da Gratidão, olhe o que anotou pela manhã e, se quiser, inclua mais alguns itens. Leia os agradecimentos do dia em voz alta e diga após cada frase: *obrigado, obrigado, obrigado, ou sou grato, sou grato, sou grato*.
5. Repita esse exercício todos os dias durante os 33 dias da jornada.
6. E como já foi dito, se você já for aluno do curso *A Gratidão Transforma* você poderá utilizar o mesmo Caderno da Gratidão que já possui, só que agora deverá acrescer à sua lista de 10 itens de gratidão diários que já pratica + 3 ligados à saúde.

# DIA 2

## Eu sou...

A doença começa a aparecer quando a falta de integração do **EU** é perdida. Por isso, inclusive, não há sentido em usar a palavra **DOENÇAS** no plural, assim como não se usa **SAÚDES**. Damos nomes diferentes a cada doença, mas o fato é que o verdadeiro problema é a ausência de saúde, e pouco importa em que parte do seu corpo isso se materializou.

Quando paramos de nos sentirmos seres únicos e integrados e começamos a nos relacionar com partes do nosso corpo como se elas fossem algo separado de nós estamos, sem saber, construindo o caminho para adoecer.

A coisa acontece mais ou menos assim: alguém te pergunta: *"Como vai você hoje"*? E aí você responde: *"Eu estou ótima; o meu estômago é que não anda muito bem"*. Com essa resposta você está dizendo: eu não sou o meu estômago; *ele* é um ser com vida própria e *ele* adoeceu, não eu.

E para piorar você vai ao Gastroenterologista e ele realiza a consulta deixando claro que você é um mal necessário na sala dele, pois, o que ele gostaria mesmo é que seu estômago tivesse vindo sozinho. Ora, sabemos que não foi o estômago que adoeceu, foi você, e a cura só será possível se encararmos sua vida de maneira holística.

O exercício de hoje permitirá a você reintegrar cada uma das partes do seu corpo. Então vamos a ele.

Sente-se numa cadeira, de maneira confortável e você vai começar a apontar as partes do seu corpo e dizer: *eu sou*. Você vai apontar para os seus pés e dizer: eu sou. Depois aponte para suas pernas e diga: eu sou. Faça o mesmo com suas coxas, com a barriga, o peito, os braços, as mãos, os ombros, a boca, o nariz, cada um dos órgãos internos, imaginando mais ou menos em que direção eles ficam em seu corpo (estômago, intestinos, órgãos sexuais, pulmões, coração, rins e assim por diante). Vá repetindo "eu sou" para cada parte do seu corpo.

Ao final do exercício você vai se sentir profundamente integrado e senhor de si mesmo. O exercício pode parecer simples, mas não se engane, ele é poderoso e integrador.

**Recapitulando**
# EXERCÍCIO NÚMERO 2:
### Eu sou...

1. Ao acordar, anote em seu Caderno da Gratidão os 3 itens de hoje relacionados à saúde pelos quais sente-se grato; releia-os e diga em voz alta 3 vezes: obrigado, obrigado, obrigado.

2. Sente-se numa cadeira, de maneira confortável e comece a apontar as partes do seu corpo dizendo: *eu sou.*

3. Você vai apontar para os seus pés e dizer: eu sou. Depois aponte para suas pernas e diga: eu sou. Faça o mesmo com suas coxas, com a barriga, o peito, e assim sucessivamente.

4. Depois aponte para cada um dos órgãos internos, imaginando mais ou menos em que direção eles ficam em seu corpo: estômago, intestinos, órgãos sexuais, pulmões, coração, rins e assim por diante. Vá repetindo "eu sou" para cada parte do seu corpo.

5. Ao final do exercício você vai se sentir profundamente integrado e senhor de si mesmo.

6. Antes de dormir, pegue seu Caderno da Gratidão, olhe o que anotou pela manhã e, se quiser, inclua mais alguns itens. Leia em voz alta os agradecimentos do dia e diga após cada frase: *obrigado, obrigado, obrigado,* ou *sou grato, sou grato, sou grato.*

# Dia 3

## Minhas qualidades

Responda rápido: quais são seus maiores defeitos? Aposto que você já conseguiu pensar numa meia dúzia de respostas possíveis. E se eu te perguntar quais são as suas qualidades, será que a resposta virá na mesma velocidade? Provavelmente não. Somos rápidos em apontar defeitos, mas lentos para enxergar virtudes.

Isso é um fator cultural. Em nossa sociedade somos treinados a criticar; poucas pessoas aprendem a elogiar. Aliás, no senso comum diz-se inclusive que não se pode elogiar porque isso estraga! E aí vamos construindo uma sociedade de pessoas com a autoestima destruída, que não se amam, e, por consequência, adoecem.

Ou você aprende a identificar e valorizar suas qualidades ou não terá equilíbrio emocional suficiente para evitar que as doenças se manifestem.

E pare com essa besteira de que os outros é que precisam perceber suas qualidades; que a modéstia, uma grande virtude, não lhe permite o autoelogio. Se você não é capaz de amar os aspectos positivos de sua personalidade como imagina que vai conseguir cuidar de si mesmo de forma saudável?

Então prepare-se, porque no exercício de hoje você vai se apropriar de todos os dons, de todas as capacidades e habilidades que ganhou da vida ou conquistou por seu próprio mérito.

Vamos precisar de papel e caneta. Você pode inclusive utilizar as últimas páginas de seu caderno da gratidão, porque assim ficará com a lista ao seu alcance para reler sempre que perceber que precisa de um reforço na autoestima.

Agora coloque na folha o seguinte título: *"Minhas principais qualidades são"* e abaixo do título eu quero que você faça uma lista de pelo menos **20** qualidades. Veja bem: eu disse **NO MÍNIMO 20**, mas o ideal é que sua lista de qualidades supere muito esse número. Pode ser 30, 40, 50, 100 qualidades, se conseguir lembrar.

Quando achar que sua lista já está bem completa, é hora de conversar com amigos e familiares, e perguntar quais são as qualidades que eles admiram ou percebem em você. E vá com o espírito desarmado e de bom humor. Se alguém te responder que não vê qualidades em você, e sim defeitos, leve na esportiva. Concorde que precisa melhorar e está se esforçando, mas sabe que além de errar, de vez em quando acerta. Peça mais uma vez com carinho e paciência para seu interlocutor citar algumas de suas qualidades.

Essa etapa do exercício tem triplo ganho: o primeiro é te ajudar a aumentar a sua lista de qualidades; o segundo, saber o que os outros validam em você; e o terceiro e mais importante, fazer com que eles fiquem cientes de seus aspectos positivos e comecem a valorizá-lo mais.

Mas não jogue para eles essa responsabilidade; ninguém irá amá-lo se você não aprender a se amar primeiro.

E quer saber o que é mais sério? Ninguém dá o que não tem. Se você não se ama também é incapaz de doar ou manifestar amor verdadeiro por qualquer outra pessoa.

Quando sua lista estiver pronta, leia em voz alta e diga ao fim da leitura: *"Eu agradeço e honro as minhas qualidades"*.

Depois faça um pequeno bilhete e anote nele suas dez principais qualidades e cole num local onde possa ler diariamente. Aproveite para bater uma foto desse bilhete e postar em nosso grupo do facebook: **#jornadadagratidao, #agratidaotransformasuasaude** e também **#marcialuz**. Sua postagem vai ajudar outros colegas do curso a terem inspiração para completarem suas próprias listas de qualidades.

**Recapitulando**

## EXERCÍCIO NÚMERO 3:
### Minhas qualidades

1. Ao acordar, anote em seu Caderno da Gratidão os 3 itens de hoje relacionados à saúde, pelos quais é grato; releia-os e diga em voz alta 3 vezes: obrigado, obrigado, obrigado.
2. Coloque numa folha de papel o seguinte título: "Minhas principais qualidades são" e abaixo do título faça uma lista de pelo menos 20 qualidades. Podem ser 30, 40, 50, 100 qualidades, se conseguir lembrar.
3. Quando achar que sua lista já está bem completa, converse com amigos e familiares perguntando quais são as qualidades que eles admiram ou percebem em você, e inclua na sua lista.
4. Quando sua lista estiver pronta, leia em voz alta e diga ao fim da leitura: *"Eu agradeço e honro as minhas qualidades"*.
5. Faça um pequeno bilhete e anote nele suas dez principais qualidades. Cole-o num local onde possa ler diariamente.
6. Fotografe esse bilhete e poste em nosso grupo do facebook: **#jornadadagratidao**, **#agratidaotransformasuasaude** e também **#marcialuz**.
7. Antes de dormir, pegue seu Caderno da Gratidão, olhe o que anotou pela manhã e, se quiser, inclua mais alguns itens. Leia em voz alta os agradecimentos do dia, dizendo após cada frase: *obrigado, obrigado, obrigado,* ou *sou grato, sou grato, sou grato.*

# DIA 4

## Frente a frente com você

Sabemos que os olhos são o espelho da alma. Pessoas que têm medo de revelar o que carregam no coração tendem a conversar sem olhar nos olhos. Isso ocorre para que seus segredos mais obscuros não sejam desvendados por observadores atentos. Aliás, essa é uma verdade tão conhecida pela maioria das pessoas que tendemos a não confiar em quem não olha nos olhos.

Todavia, esse é um jeito simplista de tratar a questão. Algumas pessoas que desenvolvem síndromes graves, como a de Asperger, por exemplo, possuem uma profunda dificuldade em sustentar o olhar durante a interlocução. Para mudar isso é necessário muito mais que boa vontade.

Mas independentemente de sua capacidade (ou incapacidade) de aprofundar relações através do olhar, existe uma pessoa da qual você não pode se eximir de olhar nos olhos, sob pena de jamais recuperar sua saúde plena. E acredite, não estou me referindo ao seu médico ou psicólogo. Estou falando de você mesmo.

Como assim Marcia Luz? Como vou me olhar nos olhos? Simples. Com a ajuda de um espelho.

O exercício de hoje exige coragem e desprendimento, o que vai valer a pena, pois ele é libertador. Venho te ajudando há 3 dias a se apropriar da beleza de ser você e agora está na hora de aprofundarmos ainda mais essa relação com o seu **EU**.

Você vai procurar um espelho que esteja num local onde você possa ficar sozinho; pode ser inclusive um espelho portátil. A seguir olhe-se no espelho, bem no fundo dos seus olhos, e diga a si mesmo: *"Eu te amo e te aceito exatamente do jeito que você é. Sou grato pela sua vida"*.

Repita esta afirmação lentamente no mínimo **10** vezes. Mantenha o olhar fixo nos olhos refletidos no espelho e continue repetindo: *"Eu te amo e te aceito exatamente do jeito que você é. Sou grato pela sua vida"*.

É possível que uma voz interior diga: *"Isso não é verdade. Eu não me amo e não me aceito"*. Deixe que essa voz passe como uma nuvem, não lute contra ela. E continue repetindo: *"Eu te amo e te aceito exatamente do jeito que você é. Sou grato pela sua vida"*.

Talvez você sinta vontade de chorar. Chore. Permita-se. Você está a sós com você mesmo em frente ao espelho. Continue repetindo: *"Eu te amo e te aceito exatamente do jeito que você é. Sou grato pela sua vida"*.

Provavelmente esse exercício é um dos mais difíceis de nossa jornada; pessoas com autoestima reduzida têm uma profunda dificuldade em realizá-lo. No entanto, ele irá quebrar amarras dentro de você e libertar o seu espírito para que evolua para um próximo nível emocional.

**Recapitulando**

## EXERCÍCIO NÚMERO 4:
### Frente a frente com você

1. Ao acordar, anote em seu Caderno da Gratidão os 3 itens de hoje relacionados à saúde pelos quais é grato; releia-os e diga em voz alta 3 vezes: *obrigado, obrigado, obrigado.*

2. Procure um espelho que esteja num local onde você possa ficar sozinho; a seguir olhe-se no espelho, bem no fundo dos seus olhos, e diga a si mesmo: *"Eu te amo e te aceito exatamente do jeito que você é. Sou grato pela sua vida"*.
3. Repita esta afirmação lentamente no mínimo 10 vezes. Mantenha o olhar fixo nos olhos refletidos no espelho e continue repetindo: "Eu te amo e te aceito exatamente do jeito que você é. Sou grato pela sua vida".
4. É possível que uma voz interior diga: *"Isso não é verdade. Eu não me amo e não me aceito"*. Deixe que esta voz passe como uma nuvem, não lute contra ela. Continue repetindo: *"Eu te amo e te aceito exatamente do jeito que você é. Sou grato pela sua vida"*.
5. Talvez você sinta vontade de chorar. Chore. Permita-se. Você está a sós com você mesmo em frente ao espelho. Continue repetindo: *"Eu te amo e te aceito exatamente do jeito que você é. Sou grato pela sua vida"*.
6. Antes de dormir, pegue seu Caderno da Gratidão, olhe o que anotou pela manhã e, se quiser, inclua mais alguns itens. Leia em voz alta os agradecimentos do dia e diga após cada frase: *obrigado, obrigado, obrigado,* ou *sou grato, sou grato, sou grato*.

# Dia 5

## Descarte de mensagens negativas

Sua mente é como um computador que vai armazenando informações ao longo de sua vida, tanto as positivas quanto as negativas. Todos os elogios e as mensagens de reforço que você recebeu estão guardadas dentro de sua mente. Acontece que as mensagens negativas e críticas também estão. Elas são como o lixo depositado dentro de casa durante um longo tempo; e quanto mais você adia para jogá-lo fora, mais ele apodrece e fede.

Grande parte destas críticas vieram de pessoas que foram, e ainda são, significativas em sua vida. Todavia, por mais que a intenção delas tenha sido protegê-lo, a verdade é que tais ensinamentos – que talvez até já tenham sido úteis em determinados momentos de sua história – estão agora te prejudicando e precisam ser eliminados.

Quando um pai ou uma mãe critica um filho via de regra o objetivo é repreendê-lo para que ele melhore, se esforce mais, busque crescimento. Contudo, isso pode ter o efeito contrário, bombardeando a sua autoestima e fazendo com que você passe a não confiar mais em si mesmo.

Se quisermos sua alma livre para ser feliz e sadia é hora de jogarmos o lixo fora. Então o exercício consiste no seguinte:

Pegue uma folha de papel e comece a anotar todas as mensagens negativas, críticas, que já ouviu ao longo de sua vida. O que seus pais lhe disseram sobre sua capacidade de aprender? E sobre ganhar dinheiro? O que disseram sobre relacionamentos com amigos ou com o sexo oposto? E em relação ao seu corpo? Ao seu potencial criativo e à sua capacidade empreendedora? O que disseram sobre a vida, sobre o mundo, sobre a conquista de sonhos e objetivos?

Anote tudo o que vier à mente, todas as lembranças negativas ou limitantes. Aqui não interessa quem disse ou quando disse. Se o pensamento veio, ainda que não tenha surgido de uma fonte externa, está dentro de você e precisa ser eliminado.

Depois pense nas coisas que ouviu de outros familiares, amigos, professores, colegas de escola, namorados, chefes, colegas de trabalho, vizinhos etc.

Anote todos os pensamentos que te puxam para baixo e que em determinado momento de sua vida você ouviu, acatou e acreditou.

Invista pelo menos meia hora nessa tarefa, deixando que eles venham e sejam colocados no papel. É possível que junto com eles surja raiva das pessoas que ajudaram a construir suas crenças limitantes e os sabotadores. Mais tarde, no momento certo dessa jornada, vamos trabalhar esse sentimento, uma vez que a raiva, a mágoa e o ressentimento só corroem a sua alma e destroem sua saúde.

Agora você vai pegar esta folha de papel, ler em voz alta tudo o que anotou e vai começar a riscar cada uma das frases e dizer: **"Eu escolho me libertar desse pensamento nocivo e limitante"**. Risque a próxima frase e diga novamente: *"Eu escolho me libertar desse pensamento nocivo e limitante"*.

Quando todas as frases estiverem riscadas, amasse o papel – faça-o com vontade – jogue-o no chão e pise sobre ele; depois corte em pedacinhos, jogue no vaso sanitário e dê descarga.

Por fim, agradeça por ter mandado embora o lixo que poluía a sua mente.

## Recapitulando

# EXERCÍCIO NÚMERO 5:
### Descarte de mensagens negativas

1. Ao acordar, anote em seu Caderno da Gratidão os 3 itens de hoje relacionados à saúde pelos quais é grato; releia-os e diga em voz alta 3 vezes: *obrigado, obrigado, obrigado*.
2. Anote numa folha de papel todas as mensagens negativas, críticas, que já ouviu de seus pais ao longo de sua vida.
3. Depois anote as coisas que ouviu de outros familiares, amigos, professores, colegas de escola, namorados, chefes, colegas de trabalho, vizinhos etc. Invista pelo menos meia hora nessa tarefa, deixando que esses pensamentos venham e sejam colocados no papel.
4. Agora pegue essa folha de papel, leia em voz alta e comece a riscar cada uma das frases e dizer: *"Eu escolho me libertar deste pensamento nocivo e limitante"*. Risque a próxima frase e diga novamente: *"Eu escolho me libertar deste pensamento nocivo e limitante"*.
5. Quando todas as frases estiverem riscadas, amasse o papel com vontade, jogue-o no chão e pise sobre ele; depois corte em pedacinhos, jogue no vaso sanitário e dê descarga.
6. Finalmente agradeça por ter mandado embora o lixo que poluía a sua mente.
7. Antes de dormir, pegue seu Caderno da Gratidão, olhe o que anotou pela manhã e, se quiser, inclua mais alguns itens. Leia em voz alta os agradecimentos do dia e diga após cada frase obrigado, obrigado, obrigado, ou sou grato, sou grato, sou grato.

# DIA 6

## Modifique padrões de pensamento

Tudo que existe no Universo ocorreu primeiro no pensamento de alguém. Uma cadeira antes de ser construída, foi imaginada e desenhada por algum indivíduo. E na sua vida isso não é diferente. Tudo o que você materializou, transformou em realidade, antes você construiu em sua mente. **Inclusive seus problemas!**

A verdade é que problemas são originados a partir de padrões de pensamentos que existem em sua mente, mas que podem e devem ser modificados. Quando eu era estudante da faculdade de psicologia – e nem que me torturem eu conto quanto tempo faz isso, mas já se passaram pelo menos 30 anos desde então –, escutei de um professor de anatomia, médico cirurgião, a seguinte frase: *"Cada um tem o câncer que quer, no lugar do corpo que quer e quando quer"*. Confesso que fiquei chocada e imaginei que aquele homem fosse totalmente louco. Pensei: "Mas como assim uma pessoa vai desejar ter câncer e construir a sua própria doença? Quem em sã consciência faria um absurdo desses"?

Hoje, depois de tantos anos de experiência consigo entender o que aquele professor estava dizendo. Você escolhe construir suas doenças, os seus problemas, a partir dos padrões de pensamento que vai adotando para si ao longo da vida, sem ter consciência do quanto eles são prejudiciais.

Veja a seguir alguns exemplos de problemas e possíveis padrões de pensamentos aos quais vamos chamar de crenças limitantes, e que podem estar originando aquele problema.

| PROBLEMA | CRENÇA LIMITANTE |
|---|---|
| Seus negócios não prosperam. | Não tenho espírito empreendedor. |
| Dificuldades financeiras. | Nasci pobre e nunca ficarei rico. |
| Namoros que não dão certo. | Ninguém me ama. |
| Problemas de saúde. | Tenho um organismo sensível. |
| Dificuldade para recomeçar em outra carreira. | Já sou velho demais; cachorro velho não aprende truque novo. |
| Não aprovação em concursos. | São poucas vagas e nunca fui o mais inteligente. |
| Excesso de ansiedade. | Desde pequena sempre fui muito ansiosa. |

É importante que você entenda que pensamentos não são como arquivos de dados protegidos que, uma vez instalados em seu cérebro, nunca mais poderão ser modificados. Assim como você pode deletar um arquivo de seu computador e colocar outro no lugar, o mesmo ocorre com seus pensamentos.

E é isso que vamos fazer agora. Pegue uma folha de papel e desenhe 3 colunas. Na primeira anote os problemas que estão presentes em sua vida hoje; na segunda, o tipo de pensamento que você está tendo para criar esse problema. Quando tiver preenchido com várias linhas as colunas 1 e 2, volte ao topo da página e, na coluna 3, escreva o novo pensamento que você decide adotar a partir de agora para a sua vida. Veja um exemplo a seguir:

| PROBLEMA | CRENÇA LIMITANTE | PENSAMENTO EMPODERADOR |
|---|---|---|
| Não consigo aprender a dirigir | Não sou boa no volante, não tenho noção espacial, posso provocar um acidente. | Dirigir me dá liberdade, sinto-me poderosa e capaz quando estou no volante. |

Depois pegue as frases da coluna 3, anote cada uma delas num bilhete separado, e espalhe pela casa colocando-os em locais por onde passará várias vezes durante o dia. Repita essas novas frases até que virem verdade em sua mente. Saiba que seu cérebro aprende por repetição. Embora as crenças limitantes tenham sido alimentadas por você ao longo dos anos, a partir de hoje você está fazendo a escolha consciente de fortalecer novas crenças. E isso ocorrerá mais rapidamente de acordo com a frequência com que forem repetidos esses pensamentos.

**Recapitulando**

## EXERCÍCIO NÚMERO 6:
### Modifique padrões de pensamento

1. Ao acordar, anote em seu Caderno da Gratidão os 3 itens de hoje relacionados à saúde pelos quais é grato; releia-os e diga em voz alta 3 vezes: *obrigado, obrigado, obrigado.*
2. Desenhe 3 colunas numa folha de papel. Na primeira anote os problemas que estão presentes em sua vida hoje; na segunda, o tipo de pensamento que está tendo para criar esse problema.
3. Quando tiver preenchido com várias linhas as colunas 1 e 2, volte ao topo da página e, na coluna 3, escreva o novo pensamento que você decidiu adotar a partir de agora para a sua vida.
4. Depois pegue as frases da coluna 3, anote cada uma delas num bilhete separado, e espalhe pela casa colocando em locais que você vai ver ao longo do dia. Repita essas novas frases até que se tornem verdade em sua mente.
5. Antes de dormir, pegue seu Caderno da Gratidão, olhe o que anotou pela manhã e, se quiser, inclua mais alguns itens. Leia em voz alta os agradecimentos do dia e diga após cada frase obrigado, obrigado, obrigado, ou sou grato, sou grato, sou grato.

# DIA 7

## Eu me comprometo a progredir

A maioria dos livros ou cursos de autoajuda procura incentivar você a mudar, o que, em minha opinião, é um grande equívoco porque as mudanças ocorrem em sua vida o tempo todo, queira você ou não.

Calcula-se que o corpo de um adulto produza em média 300 milhões de células por minuto ou 432 trilhões por dia – uma renovação que ocorre, principalmente, em tecidos epiteliais e conjuntivos, responsáveis pelos revestimentos e pela sustentação do corpo.

A situação econômica e financeira do seu país, e do mundo, está oscilando nesse exato momento. E se você quer saber com qual rapidez, observe um dia de trabalho dos profissionais da bolsa de valores.

O clima, o relevo e a vegetação estão mudando à sua volta. As marés sobem e descem ao longo do dia, o vento muda de direção.

Isto significa que você não precisa de incentivo para mudar, pois as mudanças não param de acontecer. Na realidade o que você precisa é **PROGREDIR**. Contudo, progresso é muito diferente de mudança. Segundo o dicionário *on-line* de português progredir significa *(v.i.) Caminhar para a frente, avançar. Melhorar; aperfeiçoar-se; desenvolver-se*.

Procurei também sinônimos para a palavra progredir e encontrei *proceder, prosseguir, avançar, continuar, seguir*. Observe que a palavra **MUDAR** não está entre elas.

Seu desafio nessa vida é se tornar um ser humano melhor. Para isso você precisa fazer progressos, não apenas mudar. Trocar 6 por meia dúzia não deixa de ser uma mudança, mas não é progresso.

Nos seus negócios, ou você está progredindo ou morrendo; nos relacionamentos também. Portanto, progresso é igual a felicidade.

A mudança é automática, mas o progresso exige coragem, fé, ação determinada.

Hoje é o dia de assumir o compromisso com o seu progresso, com o seu crescimento. E nosso exercício vai funcionar da seguinte maneira:

Coloque uma de suas mãos ao redor do seu pescoço. Essa é a área responsável pela fala e pelo comprometimento com o mundo, pois as nossas palavras têm poder e se materializam. Enquanto faz esse movimento fale em voz alta: *"Eu me comprometo a progredir"*. Repita **10** vezes a mesma frase com a mão em torno do pescoço sentindo a vibração das cordas vocais.

Pelo menos 5 vezes ao longo do dia repita este exercício. Sua mente vai procurar impedir o seu progresso perguntando: "Mas progredir como? Isso é muito abstrato. Não saberei o que fazer". Ignore os questionamentos de sua mente. Apenas faça o exercício porque na hora certa você saberá como progredir. Antes da ação vem o compromisso.

E de hoje em diante cada vez que você sentir que está adiando para tomar uma decisão, ou para colocar uma ação em prática, ou ainda para realizar uma tarefa que lhe permitirá alcançar novos e melhores resultados em sua vida, coloque a mão em torno do pescoço e repita: *"Eu me comprometo a progredir"*.

Uma ressalva importante que você precisa saber é que sua mente não gosta de progressos, nem mesmo de mudanças, portanto ela vai tentar mantê-lo na zona de conforto. Na verdade, considero "zona de conforto" um nome infeliz, porque não há nada de confortável em continuar arrastando-se pela vida com os problemas atuais. Ainda assim, a sua mente prefere encarar o "ruim conhecido" que enfrentar o desconhecido. É a história do "tá ruim, mas tá bom"; "Tô na merda, mas tá quentinho".

Talvez você perceba que ao fazer as mudanças rumo ao progresso algumas coisas piorem antes de melhorar. É comum pegar uma gripe, perder uma oportunidade de emprego, ou até terminar um namoro. É a sua mente tentando assustá-lo para que você recue e deixe tudo como está. Fique firme. Siga adiante, pois a sua mente entenderá quem manda em quem e vai parar de resistir. Combinado?

E para aumentar ainda mais o seu comprometimento, grave um pequeno vídeo fazendo o exercício e poste em nosso grupo do facebook com as seguintes #rechitags: **#jornadadagratidao, #agratidaotransformasuasaude** e também **#marcialuz.**

**Recapitulando**

# EXERCÍCIO NÚMERO 7:
## Eu me comprometo a progredir

1. Ao acordar, anote em seu Caderno da Gratidão os 3 itens de hoje relacionados à saúde pelos quais é grato; releia-os e diga em voz alta 3 vezes: *obrigado, obrigado, obrigado.*
2. Coloque uma de suas mãos ao redor do seu pescoço e, enquanto faz esse movimento, fale em voz alta: *"Eu me comprometo a progredir".*
3. Repita 10 vezes a mesma frase com a mão em torno do pescoço sentindo a vibração das cordas vocais.
4. Pelo menos 5 vezes ao longo do dia repita este exercício.
5. De hoje em diante cada vez que você estiver adiando uma decisão, uma ação ou tarefa que lhe permitirá alcançar novos e melhores resultados em sua vida, coloque a mão em torno do pescoço e repita: *"Eu me comprometo a progredir".*
6. Para aumentar ainda mais o seu comprometimento, grave um pequeno vídeo fazendo o exercício e poste em nosso grupo do facebook com as seguintes #rechitags: **#jornadadagratidao, #agratidaotransformasuasaude** e também **#marcialuz.**
7. Antes de dormir, pegue seu Caderno da Gratidão, olhe o que anotou pela manhã e, se quiser, inclua mais alguns itens. Leia em voz alta os agradecimentos do dia e diga após cada frase: *obrigado, obrigado, obrigado,* ou *sou grato, sou grato, sou grato.*

# DIA 8

## Treine sua mente

Hoje vou levá-lo por uma viagem no tempo para que você compreenda como a nossa mente funciona. Sabe-se que os primatas, classe à qual pertencem o homem e os macacos, surgiram há 70 milhões de anos. O ancestral comum do homem, o chimpanzé, apareceu há cerca de 25 milhões de anos. Já os primeiros hominídeos despontaram na Terra entre 3 e 1 milhão de anos atrás.

Os cientistas acreditam que os primeiros representantes do homem moderno existiram no planeta há 200 mil anos. Contudo, o homem inteligente só existe na Terra há 12 mil anos.

Durante todo esse tempo de evolução a raça humana precisou driblar muitas adversidades, pois o ambiente era hostil e nele sobreviviam não as espécies mais fortes, mas as que melhor se adaptassem.

Pois bem, o mecanismo que permitiu a sobrevivência do ser humano foi a nossa mente; seu principal papel era cuidar dela', livrando-nos dos perigos e evitando que corrêssemos riscos. Acontece que ao longo dos anos evoluímos muito e as ameaças de hoje são relativamente conhecidas e controladas; no entanto, a nossa mente continua agindo da mesma forma que fazia a milhares de anos.

Desse modo, o que era uma vantagem para a sobrevivência passou a ser um obstáculo para o crescimento. Hoje, se a sua vida está muito **menor** que o seu desejo, saiba que boa parte da responsabilidade é da sua mente.

E prepare-se para o que vou dizer agora porque vai soar estranho: **SUA MENTE NÃO É VOCÊ!**

Isso mesmo. Seus pensamentos – as ideias nutridas diariamente por você – não são seus; são simples mecanismos universais de sobrevivência. Embora você acredite que aquele tipo de pensamento é exclusivamente seu, busque checar com seus amigos e familiares e descobrirá que todos os medos e todas as ideias que passam pela sua cabeça também ocorrem na cabeça deles.

Exemplo de pensamentos universais:

- Ninguém me ama.
- Não tenho tempo.
- Vou fazer algo grandioso que vai mudar o mundo.
- Eu vou matar esse filho da puta.
- Não tenho dinheiro ou tenho medo de ficar sem ele.
- Os anos estão passando muito rápido para mim.
- Acho que não vão gostar de mim.

E a lista é interminável. Acredite: Todos nós enfrentamos os mesmos receios. Estes estão incutidos em nossa mente, como muros erguidos para nos proteger.

Acontece que o mesmo muro que te protege também te aprisiona. E aí você pensa em fazer um progresso em sua vida, mas a sua mente logo vem com uma frase daquele tipo: *"Cuidado, isso pode ser muito arriscado e perigoso"*. *"Outras pessoas já tentaram e não deu certo"*. *"Você está se arriscando e tem uma família que depende de você"* e várias outras frases deste tipo.

Assim, é a sua mente que te **FODE**! Ou, se para você essa palavra for muito pesada, experimente: "É a sua mente que te **ATRAPALHA**", embora eu considere a palavra '"atrapalha" incapaz de expressar plenamente o quanto a sua mente o prejudica. E nós precisamos deixar bem claro para nossa mente quem manda em quem, ou seja, avisar a ela que o comando é seu, não dela!

E como faremos isso: tem uma música em inglês cujo nome é *"This is how we do it"* (É assim que fazemos), de Montell Jordan. Nós vamos aproveitar o refrão da música para lembrar que é assim que a gente se FODE (atrapalha). Cada vez que você perceber que está tendo um pensamento paralisante, que sua mente está procurando impedi-lo de agir, você vai dar batidinhas na cabeça e cantar (ou dizer) **"É assim que a gente se FODE (atrapalha)".** Para ver a música e me ver aplicando o exercício em vídeo entre neste link aqui: http://marcialuz.com/page/treine-sua-mente.

Repita esse exercício de hoje em diante todas as vezes que você perceber que sua mente está tentando te atrapalhar: 3 batidinhas no topo da cabeça enquanto canta (ou diz) *"É assim que a gente se FODE"*, ou para os mais pudicos, *"é assim que a gente se ATRAPALHA"*.

Acredite! Muito pior que dizer uma palavra que você acha "feia" é fazer a sacanagem que você faz consigo mesmo, ao impedir-se de ter a vida que deseja e merece. Muito pior que dizer um palavrão é deixar a sua mente criar as doenças que já criou em sua vida. O fato é que a palavra é propositalmente forte para chocar o seu cérebro e colocá-lo no lugar dele.

Sei que o exercício parece bobo, mas você vai constatar seus resultados poderosos pessoalmente. Experimente e depois me conte.

**Recapitulando**

## EXERCÍCIO NÚMERO 8:
### Treine sua mente

1. Ao acordar, anote em seu Caderno da Gratidão os 3 itens de hoje relacionados à saúde pelos quais é grato; releia-os e diga em voz alta 3 vezes: *obrigado, obrigado, obrigado.*
2. Cada vez que você perceber que está tendo um pensamento paralisante, que sua mente está procurando impedi-lo de agir, você vai dar batidinhas na cabeça e cantar (ou dizer) *"É assim que a gente se FODE (atrapalha)"*. Para ver a música e me ver

aplicando o exercício em vídeo entre neste link aqui: http://marcialuz.com/page/treine-sua-mente.

3. Repita esse exercício de hoje em diante todas as vezes que você perceber que sua mente está tentando te atrapalhar: 3 batidinhas no topo da cabeça enquanto canta (ou fala) *"É assim que a gente se FODE"*, ou para os mais pudicos, *"é assim que a gente se ATRAPALHA"*.

4. Antes de dormir, pegue seu Caderno da Gratidão, olhe o que anotou pela manhã e, se quiser, inclua mais alguns itens. Leia em voz alta os agradecimentos do dia e diga após cada frase: *obrigado, obrigado, obrigado,* ou *sou grato, sou grato, sou grato.*

# Dia 9

## Eu escolho acreditar em meus progressos

Já estamos no nono dia de nossa jornada e se você parar para observar os seus pensamentos perceberá que algo está mudando. A cada dia está ficando mais simples dominá-los e escolher quais deles você permite que o acompanhem na sua vida.

E o exercício de hoje vai ajudá-lo a fortalecer ainda mais essa capacidade de escolher os pensamentos certos e mantê-los presentes em sua mente.

Agora você sabe que não é uma vítima indefesa dos seus pensamentos, mas o comandante do navio.

Eu treino minha mente todos os dias. Quando eu digo "Vai!" ela vai. Não tem discussão. Não tem questionamento. Eu a domino, não é ela que me domina. O quê? Você tem dúvidas de que consegue fazer o mesmo? Então faça o seguinte: Imagine...

- um elefante amarelo com bolinhas roxas.
- uma fatia de pizza bem na sua frente.
- um dia de sol escaldante e um copo de água gelado na sua mão.
- um pássaro voando no céu.

E então, conseguiu? Pois bem, você estava no comando e ordenou para sua mente que criasse ou lembrasse de cada uma dessas imagens e sensações; de cada um desses sons.

Você faz isso quando e como quiser. Você escolhe no que quer pensar.

Então o exercício de hoje funcionará da seguinte maneira:

Você vai escrever num pequeno bilhete: *"Agora eu escolho acreditar que está se tornando cada vez mais fácil realizar progressos"*.

A seguir, leia a frase em voz alta 3 vezes. E depois diga: *gratidão, gratidão, gratidão*.

Coloque o bilhete num local que você possa ver várias vezes durante o dia e repita este mesmo exercício no mínimo 5 vezes hoje.

Sabe o que é mais incrível? Não importa como o progresso ocorrerá. Não se estresse procurando controlar como as coisas vão acontecer. Apenas mude sua linguagem e seus pensamentos. O Universo colocará a energia em movimento e tudo o que você necessita conspirará a seu favor.

**Recapitulando**

## EXERCÍCIO NÚMERO 9:
### Eu escolho acreditar em meus progressos

1. Ao acordar, anote em seu Caderno da Gratidão os 3 itens de hoje relacionados à saúde pelos quais é grato; releia-os e diga em voz alta 3 vezes: obrigado, obrigado, obrigado.

2. Escreva num pequeno bilhete: *"Agora eu escolho acreditar que está se tornando cada vez mais fácil realizar progressos"*.

3. A seguir, leia a frase em voz alta 3 vezes. E depois diga: gratidão, gratidão, gratidão.

4. Coloque o bilhete num local que você possa ver várias vezes durante o dia e repita esse mesmo exercício no mínimo 5 vezes hoje.

5. Antes de dormir, pegue seu Caderno da Gratidão, olhe o que anotou pela manhã e, se quiser, inclua mais alguns itens. Leia em voz alta os agradecimentos do dia e diga após cada frase: *obrigado, obrigado, obrigado*, ou *sou grato, sou grato, sou grato*.

# Dia 10

## É hora de relaxar

Assim como fazer exercícios físicos em excesso deixa seu corpo exausto durante dias, o mesmo acontece com a mente quando há sobrecarga nas atividades intelectuais e pressão por raciocínios complexos. Todo exagero traz consequências e, quando se exige demais do seu cérebro a consequência pode ser uma estafa mental, que nada mais é do que seu cérebro pedindo trégua.

Os sintomas que te avisam que você pode estar com estafa mental são: insônia ou sonolência durante o dia, alterações repentinas de humor, falta de concentração e dificuldade de memória. Além disso, ela pode provocar fortes dores de cabeça, tonturas, tremores, falta de ar, perda ou aumento repentino do peso e refluxo.

A essas alturas provavelmente os hipocondríacos de plantão já estão lendo essas páginas, se autodiagnosticando e concluindo que estão com estafa mental.

Vamos devagar, nada de preocupações precipitadas. Esteja você sofrendo de estafa mental ou não, o exercício que vamos fazer hoje é muito poderoso para combatê-la ou, melhor ainda, evitá-la. Trata-se de uma prática de relaxamento – o método mais poderoso para se combater a estafa mental e também o estresse.

Coloque uma música relaxante, escolha um lugar para se sentar onde possa ficar sozinho, sem grandes ruídos e, se possível, diminua um pouco as luzes do ambiente onde está.

Agora continue lendo esse texto e na medida em que as palavras forem fluindo permita-se relaxar mais e mais.

Enquanto lê, respire profundamente.... Isso! Muito bom. Respire mais uma vez profundamente e à medida que soltar o ar deixe toda a tensão sair do seu corpo. Relaxe seu couro cabeludo, relaxe a testa, relaxe mais ainda a testa, relaxe o maxilar, relaxe todo o seu rosto. Agora relaxe a cabeça enquanto vai lendo e se sentindo cada vez mais leve e tranquilo. Relaxe a língua dentro de sua boca, a garganta, o pescoço, os ombros. Experimente agora segurar este livro com os braços e mãos relaxados. Apenas relaxe e continue lendo. Você pode fazer isso. É fácil. Agora é hora de relaxar as costas, o peito, a barriga, a pélvis. Respire mais uma vez profundamente enquanto vai relaxando suas coxas, as pernas e os pés.

Observe a grande mudança que já aconteceu em seu corpo desde que começou a ler o parágrafo anterior.

Agora é hora de relaxar também os pensamentos, de deixar ir tudo o que o estava prendendo ou preocupando.

Nessa posição relaxada, tranquila e em paz diga a si mesmo: *"Eu escolho deixar ir. Eu libero, eu solto toda tensão, solto todo medo, solto toda a raiva. Solto toda tristeza. Solto toda culpa. Eu escolho deixar ir todas as velhas crenças limitantes. E eu fico em paz. Sentindo-me confortável e relaxado. Estou em paz com o meu eu. Estou em paz com minha vida. Estou em fluxo total. Estou em segurança. Sou grato, sou grato, sou grato".*

Agora repita o exercício duas ou 3 vezes para manter-se nesse estado de consciência tranquilo e relaxado.

E lembre-se de fazê-lo novamente todas as vezes que perceber que existem pensamentos te amarrando ou que está deixando o estresse tomar conta do seu dia. Quanto mais vezes praticar o exercício mais rapidamente estará apto a mudar o seu estado interno sempre que necessitar.

Nesse estado de relaxamento você está pronto para usufruir de todas as suas habilidades, capacidades e competências, alcançando a plenitude do seu ser.

**Recapitulando**

## EXERCÍCIO NÚMERO 10:
### É hora de relaxar

1. Ao acordar, anote em seu Caderno da Gratidão os 3 itens de hoje relacionados à saúde pelos quais é grato; releia-os e diga em voz alta 3 vezes: *obrigado, obrigado, obrigado*.
2. Coloque uma música relaxante, escolha um lugar para se sentar onde possa ficar sozinho, sem grandes ruídos e, se possível, diminua um pouco as luzes do ambiente onde está.
3. Agora leia o texto desse exercício e na medida em que as palavras fluírem, permita-se relaxar mais e mais.
4. Observe a grande mudança que ocorrerá em seu corpo ao ler o texto do exercício.
5. Nessa posição relaxada, tranquila e em paz diga a si mesmo: *"Eu escolho deixar ir. Eu libero, eu solto toda tensão, solto todo medo, solto toda a raiva. Solto toda tristeza. Solto toda culpa. Eu escolho deixar ir todas as velhas crenças limitantes. E eu fico em paz. Sentindo-me confortável e relaxado. Estou em paz com o meu eu. Estou em paz com minha vida. Estou em fluxo total. Estou em segurança. Sou grato, sou grato, sou grato"*.
6. Agora repita o exercício três vezes para manter-se nesse estado de consciência tranquilo e relaxado.
7. Antes de dormir, pegue seu Caderno da Gratidão, olhe o que anotou pela manhã e, se quiser, inclua mais alguns itens. Leia em voz alta os agradecimentos do dia e diga após cada frase: *obrigado, obrigado, obrigado,* ou *sou grato, sou grato, sou grato*.

## Dia 11

# Problemas são oportunidades de crescimento

Como você definiria o que é um problema? Com certeza você já teve problemas em sua vida, mas imagine que um extraterrestre acabou de pousar na terra e então ele escuta a palavra "problema". Como você explicaria para ele o que significa esse termo?

Para mim, problema é aquilo que consideramos difícil de resolver. Quando somos ignorantes em determinado assunto acreditamos que esse tema seja um obstáculo em nossa vida. Isso quer dizer que a única pessoa que não tem problemas no mundo está no cemitério.

O incrível é que o ser humano é tão imaginativo, e gosta de manter a mente tão ocupada, que quando não tem um problema de verdade ele o cria, e depois sofre pelo problema criado.

Toda a nossa dor vem das coisas que criamos na mente. O que está causando o seu sofrimento é acreditar no seu pensamento estressante.

Somos capazes de nos sentir uma merda no meio da abundância total, ou solitários, mesmo quando cercados de milhares de pessoas.

Claro que inconvenientes acontecerão, pedras aparecerão em seu caminho, então o segredo não é desejar não ter problemas, e sim ter problemas de melhor qualidade, o que sinaliza que você está progredindo e sendo capaz de resolver mais rapidamente o que antes parecia um grande obstáculo.

Acontece que os problemas são as piores drogas; ficamos viciados neles, porque servem de desculpa para justificar nossas falhas.

Pessoas muito felizes incomodam porque nos lembram de que não estamos sendo suficientemente competentes; aí nos justificamos dizendo: "Mas a minha vida não está igual à dela porque tenho problemas".

Você precisa se livrar desse vício. Sua meta é reconectar-se ao seu coração, às suas emoções, não à sua mente.

Aceite que 100% dos seus problemas foram criados por você. É evidente que ocorreram fatores externos, mas não são eles que caracterizam o problema e sim o significado que você dá a eles. Vou dar um exemplo:

Imagine que você planejou um belo dia de praia com toda a família no domingo, mas, ao acordar descobriu que o dia estava chuvoso. Aconteceu um problema, certo? Errado! Aconteceu algo diferente do desejado por você, não necessariamente um problema. A chuva não é um problema. A chuva é apenas a chuva. Quem atribui significado positivo ou negativo a ela é você.

Que tal no lugar de reclamar da chuva, utilizar essa energia para bolar um novo programa com a família, algo que possa ser feito em dia de chuva e que seja tão bom ou melhor que o anterior?

Então vamos para o nosso exercício. Numa folha de papel você vai fazer duas colunas. Na coluna da esquerda anote 5 pequenos problemas que você vem enfrentando ou enfrentou nos últimos tempos. Na coluna da esquerda, responda a seguinte pergunta para cada um: *Este acontecimento é uma oportunidade de se aprender o quê?*

*Exemplo:*

| PROBLEMA | ESTE ACONTECIMENTO É UMA OPORTUNIDADE DE SE APRENDER O QUÊ? |
|---|---|
| Estou sobrecarregado de tarefas. | Pedir ajuda e dividir as tarefas com minha equipe e meus familiares. |
| A relação com meu marido está desgastada. | Vou ouvi-lo mais e aprender a ser mais tolerante e atenciosa. |
| Perdi o meu emprego. | Vou me preparar para uma oportunidade melhor e mais compatível com minhas novas capacidades. |

Após cada resposta diga: **sou grato, sou grato, sou grato.**

Mas fique atento durante o exercício, pois a sua mente vai procurar convencê-lo de que o problema é grande demais, que não tem solução, ou que não depende de você. Lembre-se: não importa o tamanho da pedra que apareceu em seu caminho. Uma pedra é apenas uma pedra. O significado que você dá a ela é que faz dela um problema (ou não). E se a pedra está parecendo grande é porque você está se sentindo pequeno. Se não tiver jeito de diminuir o tamanho da pedra aumente o seu tamanho e agradeça pela oportunidade de aprendizagem e crescimento.

**Recapitulando**

## EXERCÍCIO NÚMERO 11:
Problemas são oportunidades de crescimento

1. Ao acordar, anote em seu Caderno da Gratidão os 3 itens de hoje relacionados à saúde pelos quais é grato; releia-os e diga em voz alta 3 vezes: obrigado, obrigado, obrigado.
2. Numa folha de papel faça duas colunas. Na coluna da esquerda anote 5 pequenos problemas que você vem enfrentando (ou enfrentou) nos últimos tempos. Na coluna da esquerda, res-

ponda à pergunta: *Este acontecimento é uma oportunidade de aprender o quê?*
3. Após cada resposta diga: *sou grato, sou grato, sou grato.*
4. Antes de dormir, pegue seu Caderno da Gratidão, olhe o que anotou pela manhã e, se quiser, inclua mais alguns itens. Leia em voz alta os agradecimentos do dia e diga após cada frase: obrigado, obrigado, obrigado, ou sou grato, sou grato, sou grato.

# DIA 12

## Liberte-se do passado

O único momento que realmente existe é o **momento presente**. O futuro ainda é uma possibilidade que pode (ou não) se concretizar da forma como você imagina; o passado, apenas uma recordação. No entanto, a maioria das pessoas adoece porque coloca a maior parte de sua energia nos momentos errados, ou seja: na ansiedade em relação ao futuro ou nas lembranças atormentadoras do passado.

E quando você carrega o peso do passado sobre seus ombros torna-se impossível ter uma vida leve, saudável e feliz. Então, hoje nós vamos limpar recordações desagradáveis do passado.

Não estou dizendo que você terá que esquecer o que já viveu. O que vamos fazer é desprender o envolvimento emocional negativo que está ligado a determinados acontecimentos do seu passado. Essa associação ocorreu porque eles foram catalogados por sua mente como desagradáveis.

Você é capaz de ter lembranças que não são positivas nem negativas –são apenas lembranças. Você pode lembrar, por exemplo, que comeu uma feijoada na casa de sua mãe no mês passado. Aliás, o ideal é que todos os eventos passados tenham essa carga neutra para você: nem positiva, nem negativa.

Então vamos ao nosso exercício. Numa folha de papel faça uma lista de todas as recordações do seu passado que te incomodam. Vasculhe cada canto de sua mente e anote todas as lembranças que ainda provocam tristeza, medo, raiva, angustia, mágoa etc.

Sim, eu sei que é desagradável mexer em tudo isso. Várias dessas recordações você se esforçou para ignorar e fingir que já não estavam mais lá. No entanto, esta atitude não funciona. Empurrar o lixo para debaixo do tapete só vai fazer com que ele fique cada vez mais fedido, pois ele não irá desaparecer.

Então continue a anotar tudo o que você está disposto a soltar, a deixar ir, a eliminar do seu coração para ter uma vida mais leve, saudável e feliz.

Escreva. Escreva mais. Invista no mínimo meia hora nessa atividade. Quando achar que concluiu sua lista – praticamente um desabafo –, leia em voz alta cada uma das frases e diga após cada uma delas: *"Eu deixo ir embora todas essas recordações negativas. Sou grato porque agora meu espírito é livre para viver o presente"*.

A seguir, queime a folha de papel e jogue as cinzas em água corrente para que sejam levadas para bem longe de você.

Sinta-se mais leve e agradeça pela vida que você tem hoje, livre de pesos que já não são mais úteis.

**Recapitulando**

## EXERCÍCIO NÚMERO 12:
### Liberte-se do passado

1. Ao acordar, anote em seu Caderno da Gratidão os 3 itens de hoje relacionados à saúde pelos quais é grato; releia-os e diga em voz alta 3 vezes: *obrigado, obrigado, obrigado*.
2. Numa folha de papel faça uma lista de todas as recordações do seu passado que o incomodam. Vasculhe cada canto de sua mente e anote todas as recordações que ainda provocam tristeza, medo, raiva, angustia, mágoa etc.

3. Anote tudo o que você está disposto a soltar, a deixar ir e a eliminar do seu coração para ter uma vida mais leve, saudável e feliz.
4. Quando a lista estiver pronta, leia em voz alta cada uma das frases e diga após cada uma delas: *"Eu deixo ir embora todas essas recordações negativas. Sou grato porque agora meu espírito é livre para viver o presente".*
5. A seguir, queime a folha de papel e jogue as cinzas em água corrente para que sejam levadas para bem longe de você.
6. Sinta-se mais leve e agradeça pela vida que você tem hoje, livre de pesos que já não são mais úteis.
7. Antes de dormir, pegue seu Caderno da Gratidão, olhe o que anotou pela manhã e, se quiser, inclua mais alguns itens. Leia em voz alta os agradecimentos do dia e diga após cada frase: obrigado, obrigado, obrigado, ou sou grato, sou grato, sou grato.

# Dia 13

## Somos todos inocentes

Eu sempre acho muito engraçado, ou talvez muito triste, quando escuto alguém dizer: *"Comigo os outros aprontam uma vez só; não tem segunda chance"*. Essa afirmação parte do pressuposto de que o outro não pode cometer erros, nem mesmo frustrar nossas expectativas. Isso é praticamente impossível, a menos que o tempo de convivência e contato entre vocês seja muito pequeno.

Um erro pontual de alguém não define quem ele é. Nós somos todos **INOCENTES**. Se alguém está sendo um ser humano ruim, pode ser que isso esteja ocorrendo pelo fato de ele estar prisioneiro de algum sofrimento.

Então, antes de julgar e condenar o outro, pergunte-se: **"O que mais isso pode significar"?**

A vida te julga e lida com você com o mesmo rigor que você utiliza em relação às outras pessoas. Então a política mais inteligente é procurar o melhor no ser humano e não o pior, porque nos dois casos você vai encontrar.

Pare de se sentir perseguido pelo mundo ou a grande vítima do Universo. Lembre-se de que a vida acontece a seu favor, não contra você.

Saiba que o sofrimento não vem dos fatos, mas do significado, da percepção que você tem deles. Isso vale também para a forma como você enxerga e avalia as atitudes, os comportamentos ou até as coisas ditas pela outra pessoa.

Não estou dizendo com isso que você precisa tolerar tudo, aceitar ser tratado com desrespeito ou descaso. Apenas procure fazer um exercício de empatia e lembrar que somos todos inocentes. O que mais esse comportamento inadequado do outro pode significar além da hipótese de que ele seja uma pessoa má ou mesquinha?

Agora vamos ao nosso exercício de hoje, que vai exigir muita coragem de sua parte. Todavia, vai valer o seu esforço porque ele é libertador e capaz de curar o corpo e a alma.

Numa folha de papel responda:

**1.** Quem você julgou no passado?

**2.** O que você pode amar e apreciar nessa pessoa?

Depois pegue a resposta da pergunta 2 e a transforme numa carta ou num bilhete que deve ser enviada para a pessoa a quem se refere o conteúdo da resposta. Não julgue. Não critique. Apenas diga o que você descobriu que pode amar e apreciar nessa pessoa. Diga-lhe também de que forma ela acabou colaborando para que você se tornasse a pessoa maravilhosa que é hoje.

O objetivo do exercício não é lavar roupa suja nem fazer acerto de contas. Você está apenas libertando sua alma de julgamentos e mágoas que estavam te escravizando.

Se por acaso a pessoa que você escolheu já faleceu, leia em voz alta o bilhete, sentindo a presença dela perto de você e depois queime-o e libere as cinzas na natureza para que possam partir na direção de seu destinatário.

Por pior que tenha sido seu oponente, valorize-o porque ele te permitiu saltar para o próximo nível de sua vida. Quanto pior o vilão, mais poderoso é o herói.

Possivelmente seu antagonista é o seu anjo, porque está permitindo a você evoluir e melhorar como ser humano.

**Recapitulando**

# EXERCÍCIO NÚMERO 13:
## Somos todos inocentes

1. Ao acordar, anote em seu Caderno da Gratidão os 3 itens de hoje relacionados à saúde pelos quais é grato; releia-os e diga em voz alta 3 vezes: *obrigado, obrigado, obrigado*.
2. Numa folha de papel responda: *Quem você julgou no passado? O que você pode amar e apreciar nessa pessoa?*
3. Depois pegue a resposta da segunda pergunta e transforme numa carta ou num bilhete que deve ser enviada (o) para a pessoa a quem se refere o conteúdo da resposta. Não julgue. Não critique. Apenas diga o que você descobriu que pode amar e apreciar nessa pessoa. Diga também de que maneira ela acabou colaborando para que você se tornasse a pessoa maravilhosa que é hoje.
4. O objetivo do exercício não é lavar roupa suja nem fazer acerto de contas. Você está apenas libertando sua alma de julgamentos e mágoas que estavam te escravizando.
5. Se por acaso a pessoa que você escolheu já faleceu, leia em voz alta o bilhete, sentindo a presença dela perto de você, e depois queime esse bilhete e libere as cinzas na natureza para que possam partir na direção de seu destinatário.
6. Antes de dormir, pegue seu Caderno da Gratidão, olhe o que anotou pela manhã e, se quiser, inclua mais alguns itens. Leia em voz alta os agradecimentos do dia e diga após cada frase: *obrigado, obrigado, obrigado*, ou *sou grato, sou grato, sou grato*.

# DIA 14

## Você também é inocente

Ainda me surpreendo ao constatar como é enorme a quantidade de pessoas que, embora até sejam capazes de compreender e perdoar os erros dos outros com relativa facilidade, são extremamente inflexíveis no que se refere a aceitar as próprias falhas. A frase comumente usada é: *"Eu não me perdoo por ter feito ou ter deixado de fazer isso"*.

Mas assim como no exercício anterior, preciso te dar uma notícia: **Você também é inocente!**

Ficar preso às suas falhas do passado somente servirão para dificultar suas ações futuras e seu crescimento, além de provocar uma série de doenças.

Então, no exercício de hoje você vai responder numa folha de papel: Que erros (cagadas) cometi no passado, dos (das) quais, entretanto, também sou inocente?

Depois de responder à pergunta, leia em voz alta a resposta e diga: *Eu me perdoo, eu me aceito e eu me amo. Sou grato, sou grato, sou grato.*

Saiba que por mais que se esforce você vai errar outras vezes. Apenas aprenda com os seus erros e siga adiante sem tornar-se refém de seus próprios julgamentos.

**Recapitulando**

## EXERCÍCIO NÚMERO 14:
### Você também é inocente

1. Ao acordar, anote em seu Caderno da Gratidão os 3 itens de hoje relacionados à saúde pelos quais é grato; releia-os e diga em voz alta 3 vezes: *obrigado, obrigado, obrigado.*

2. Numa folha de papel responda: *Que erros (cagadas) cometi no passado, dos (das) quais, entretanto, também sou inocente?*

3. Depois de responder à pergunta, leia em voz alta a resposta e diga: *Eu me perdoo, eu me aceito e eu me amo. Sou grato, sou grato, sou grato.*

4. Antes de dormir, pegue seu Caderno da Gratidão, olhe o que anotou pela manhã e, se quiser, inclua mais alguns itens. Leia em voz alta os agradecimentos do dia e diga após cada frase: *obrigado, obrigado, obrigado,* ou *sou grato, sou grato, sou grato.*

# Dia 15

## Livre-se dos ressentimentos

Se eu pudesse resumir numa única palavra a cura de todos os males, de todas as doenças, a cura de tudo que impede o ser humano de alcançar a plenitude esta palavra seria **amor**.

E o maior obstáculo no caminho do amor é a **falta de perdão**. Já faz alguns dias que estamos trabalhando o perdão nesta jornada pela saúde e você ainda vai realizar alguns outros exercícios de cura emocional, pois, enquanto houver ressentimento em seu coração a doença irá se manifestar de diferentes formas.

Assim, vamos sem demora para o exercício de hoje.

Sente-se numa posição confortável, respire profundamente e relaxe. Agora imagine que você foi transportado para uma cadeira estofada na primeira fila de um teatro. À sua frente existe um palco e nele está de pé a pessoa pela qual você tem (ou já teve) mais ressentimento. Pode ser alguém do seu presente ou passado, que ainda vive ou que já morreu, cujo paradeiro você conhece ou com quem perdeu o contato. Olhe bem para ela, ouça a voz dela, perceba que sensações a presença dela no palco despertam em você. Quando esta cena estiver muito nítida em sua frente, imagine bênçãos recaindo sobre a vida dela. Tudo começa a dar certo, as portas se abrem para o indivíduo e ele se sente muito feliz. Veja-o sorrindo. Se você estiver se sentindo incomodado com os presentes que ela está ganhando da vida, ou se estiver passando pela sua cabeça que ela não é merecedora, continue imaginando presentes chegando em maior abundância para ela até que sua mente se cale e pare de protestar.

Visualize essa cena por alguns minutos e, em seguida, deixe que desapareça vagarosamente. Então fale em voz alta: *Eu te liberto para ser feliz*.

Quando a pessoa que você escolheu sair do palco, coloque-se lá. Veja coisas ainda melhores acontecendo com você. Visualize-se sorrindo e feliz. Sinta-se abençoado pelo Universo. Diga: *sou grato, sou grato, sou grato*.

Você pode repetir o exercício com quantas pessoas quiser, mas lembre-se de colocar no palco uma de cada vez e repetir toda a sequência novamente para a próxima pessoa.

Talvez no passado você tenha se sentido roubado pelas pessoas em relação às quais nutria ressentimentos, mas agora você é capaz de perceber que o Universo é abundante e que as bênçãos podem ser para todos. A sua generosidade te libertou.

**Recapitulando**

## EXERCÍCIO NÚMERO 15:
### Livre-se dos ressentimentos

1. Ao acordar, anote em seu Caderno da Gratidão os 3 itens de hoje relacionados à saúde pelos quais é grato; releia-os e diga em voz alta 3 vezes: *obrigado, obrigado, obrigado*.

2. Sente-se numa posição confortável, respire profundamente e relaxe.

3. Agora imagine que você foi transportado para uma cadeira estofada na primeira fila de um teatro. À sua frente existe um palco e nele está de pé a pessoa pela qual você tem ou já teve mais ressentimento. Quando esta cena estiver muito nítida à

sua frente, imagine bênçãos recaindo sobre a vida dela. Veja-a sorrindo.

4. Se você estiver se sentindo incomodado com os presentes que ela está ganhando da vida, ou se estiver passando pela sua cabeça que ela não é merecedora, continue imaginando presentes chegando em maior abundância para ela, até que sua mente se cale e pare de protestar.

5. Visualize essa cena por alguns minutos e, em seguida, deixe que desapareça vagarosamente. Então fale em voz alta: *Eu te liberto para ser feliz.*

6. Quando a pessoa que você escolheu sair do palco, coloque-se lá. Veja coisas ainda melhores acontecendo com você. Visualize-se sorrindo e feliz. Sinta-se abençoado pelo Universo. Diga: *sou grato, sou grato, sou grato.*

7. Você pode repetir o exercício com quantas pessoas quiser, mas lembre-se de colocar no palco uma de cada vez e repetir toda a sequência novamente para a próxima pessoa.

8. Antes de dormir, pegue seu Caderno da Gratidão, olhe o que anotou pela manhã e, se quiser, inclua mais alguns itens. Leia em voz alta os agradecimentos do dia e diga após cada frase: *obrigado, obrigado, obrigado,* ou *sou grato, sou grato, sou grato.*

# DIA 16

## A glândula da alegria

No meio do peito, bem atrás do osso onde a gente toca quando diz *"eu"*, fica uma pequena glândula chamada timo. Seu nome em grego, *thýmos*, significa **energia vital**.

Ele cresce quando estamos contentes, encolhe quando estressamos ou ficamos doentes. É um dos pilares do sistema imunológico, junto com as glândulas adrenais e a espinha dorsal, e está diretamente ligado aos sentidos, à consciência e à linguagem.

Se somos invadidos por micróbios ou toxinas, imediatamente ele reage produzindo células de defesa.

Acontece que ele é muito sensível a todo tipo de emoção e pensamento. Ideias negativas têm mais poder avassalador sobre ele, que fica tentando reagir e enfraquece, abrindo brechas para sintomas de baixa imunidade, como herpes, ou para que os vírus e bactérias se aproveitam de sua fragilidade.

Da mesma maneira, as ideias positivas produzem uma ativação geral em todos os seus poderes, gerando bem-estar e felicidade.

Então, o exercício que vamos fazer agora é exatamente para colocar o timo para trabalhar a seu favor.

Fique de pé, os joelhos levemente dobrados. A distância entre os pés deve acompanhar a linha dos ombros. Equilibre o peso do corpo de tal forma que você não fique nem para frente nem para trás, nem pendendo para um lado nem para o outro. Mantenha toda a musculatura bem relaxada.

Feche qualquer uma das mãos e comece a dar pancadinhas contínuas com os nós dos dedos no centro do peito, marcando o ritmo assim: uma forte e duas fracas. Continue ao longo de três a cinco minutos, respirando calmamente enquanto observa a vibração produzida em toda a região torácica.

A intensidade da pancadinha não deve provocar dor; se estiver doendo significa que você precisa diminuir a intensidade. O exercício trará sangue e energia para o timo, fazendo-o crescer em vitalidade e beneficiando também pulmões, coração, brônquios e garganta.

Depois feche os olhos e aproveite a sensação de alegria e bem-estar. Diga em voz alta: *sou grato, sou grato, sou grato.*

**Recapitulando**

## EXERCÍCIO NÚMERO 16:
### A glândula da alegria

1. Ao acordar, anote em seu Caderno da Gratidão os 3 itens de hoje relacionados à saúde pelos quais é grato; releia-os e diga em voz alta 3 vezes: *obrigado, obrigado, obrigado.*
2. Fique de pé, os joelhos levemente dobrados. A distância entre os pés deve acompanhar a linha dos ombros. Equilibre o peso do corpo de tal forma que você não fique nem para frente nem para trás, nem pendendo para um lado nem para o outro. Mantenha toda a musculatura bem relaxada.
3. Feche qualquer uma das mãos e comece a dar pancadinhas contínuas com os nós dos dedos no centro do peito, marcando o ritmo assim: uma forte e duas fracas. Continue ao longo de três a cinco minutos, respirando calmamente enquanto observa a vibração produzida em toda a região torácica.

4. A intensidade da pancadinha não deve provocar dor; se estiver doendo significa que você precisa diminuir a intensidade. O exercício trará sangue e energia para o timo, fazendo-o crescer em vitalidade e beneficiando também pulmões, coração, brônquios e garganta.
5. Depois feche os olhos e aproveite a sensação de alegria e bem-estar. Diga em voz alta: *sou grato, sou grato, sou grato.*
6. Antes de dormir, pegue seu Caderno da Gratidão, olhe o que anotou pela manhã e, se quiser, inclua mais alguns itens. Leia em voz alta os agradecimentos do dia e diga após cada frase: *obrigado, obrigado, obrigado,* ou *sou grato, sou grato, sou grato.*

# Dia 17

# Restabeleça o equilíbrio por meio da respiração

Quem nunca se sentiu sobrecarregado com a correria do dia a dia? E nessas situações, quando o estresse ameaça bater à sua porta, é comum perdermos o estado de equilíbrio e centralidade.

Quando isso ocorre, você está vulnerável e pode ser atacado por qualquer doença oportunista ou por pessoas mal-intencionadas.

O exercício respiratório que vou te ensinar hoje é uma maneira muito simples e poderosa de restabelecer seu estado de equilíbrio. Se a sua mente está muito ativa e ocupada, ou se o seu corpo está cansado e pesado, o exercício irá provocar alívio imediato. Além disso, esse exercício tem o poder de influenciar profundamente o seu estado mental e físico rapidamente, trazendo-lhe bem-estar e harmonia. O nome dele é **Respiração Nasal Alternada**.

Respire profundamente várias vezes para relaxar o corpo, sentado confortavelmente numa cadeira ou numa almofada. Usando o dedo polegar e o indicador de uma mão iremos alternar a respiração através de cada narina. A boca deve ficar fechada durante todo o exercício. A respiração é apenas nasal.

Feche a sua narina direita com o polegar direito e inspire devagar através da narina esquerda. Agora mude, fechando a narina esquerda com o dedo indicador e expire pela direita.

Mantendo a mesma narina fechada, volte a inspirar pela narina direita e mude para expirar pela esquerda. Inspire novamente pela esquerda e agora solte o ar pela direita. Continue com esse padrão durante aproximadamente 5 minutos.

Essa inversão de entrada e saída de ar traz equilíbrio para o seu corpo e suas emoções. Você pode praticar esse exercício todas as vezes que sentir que está precisando se centrar física ou emocionalmente.

Talvez logo após o exercício você sinta uma certa tontura; isso é normal, porque estamos hiperoxigenando o cérebro. Isso trará um aumento imediato de sua energia, concentração e do seu foco, além de colaborar de maneira poderosa com o restabelecimento de sua saúde.

Procure repetir o exercício por pelo menos 7 dias consecutivos para usufruir ainda mais de seus resultados.

Se quiser visualizar o exercício para averiguar se está fazendo da maneira correta entre neste *link* a seguir: http://marcialuz.com/page/restabeleça-o-equilibrio-através-da-respiracao.

**Recapitulando**

## EXERCÍCIO NÚMERO 17:
### Restabeleça o equilíbrio por meio da respiração

1. Ao acordar, anote em seu Caderno da Gratidão os 3 itens de hoje relacionados à saúde pelos quais é grato; releia-os e diga em voz alta 3 vezes: *obrigado, obrigado, obrigado.*
2. Respire profundamente várias vezes para relaxar o corpo, sentado confortavelmente numa cadeira ou numa almofada.
3. Feche a sua narina direita com o polegar direito e inspire devagar através da narina esquerda. Agora mude, fechando a narina esquerda com o dedo indicador e expire pela direita.

4. Mantendo a mesma narina fechada, volte a inspirar pela narina direita e mude para expirar pela esquerda. Inspire novamente pela esquerda e agora solte o ar pela direita. Continue com esse padrão durante aproximadamente 5 minutos.
5. Procure repetir o exercício por pelo menos 7 dias consecutivos para usufruir ainda mais de seus resultados.
6. Antes de dormir, pegue seu Caderno da Gratidão, olhe o que anotou pela manhã e, se quiser, inclua mais alguns itens. Leia em voz alta os agradecimentos do dia e diga após cada frase: *obrigado, obrigado, obrigado,* ou *sou grato, sou grato, sou grato*.

# Dia 18

## Exercício da "melequinha"

Sabe aqueles dias que você não tem energia nem para levantar da cama? Aqueles dias em que a vontade é simplesmente continuar deitado, por pura falta de coragem ou desânimo?

Se você tem sentido isso com uma certa frequência, talvez esteja prestes a desenvolver um quadro de depressão, ou então o estresse já tomou conta de sua vida. Ignorar esses sinais só faz piorar as coisas.

A tendência da maioria das pessoas quando se sente assim é buscar auxilio nos remédios ou energéticos artificiais. Elas se esquecem completamente de que a cura mais poderosa está **dentro** de nós.

Mas e se eu te disser que existe um exercício respiratório capaz de gerar energia imediata e que vai te manter bem ao longo do seu dia?

Eu faço uso dele quase que diariamente, e não é por acaso que tenho conseguido excelentes resultados em minha vida. Agora vou compartilhar o meu segredo com você.

Batizei carinhosamente esse exercício de "Exercício da Melequinha", porque pode ocorrer de saírem algumas melecas do seu nariz durante a execução. Então aconselho manter um lenço de papel por perto.

Sente-se numa cadeira com a coluna bem retinha e coloque as mãos sobre suas coxas. A respiração será toda pelo nariz, ok?

Agora você vai fazer movimentos bem rápidos com os braços, erguendo-os acima da cabeça com as palmas das mãos abertas e viradas para frente. Em seguida baixe-as até a altura dos ombros, com vigor, e então feche-as como se quisesse pegar o ar que está lá em cima e trazê-lo para seus ouvidos.

Ao mesmo tempo inspire e expire apenas pelo nariz fazendo barulho, ou seja, soltando o ar com força e acompanhando os movimentos dos braços. Faça isso 30 vezes seguidas.

Pare 10 segundos para descansar e recomece mais uma sequência de 30 movimentos rápidos. Descanse novamente por 10 segundos e faça mais uma sequência de 30 movimentos.

Encerre fechando os olhos, descansando os braços sobre as coxas e respirando normalmente. Você perceberá que seu corpo está todo energizado, até um pouco trêmulo. Sinta essa energia circular por todos os órgãos de seu corpo e imagine-a curando e renovando cada célula. Fique ao menos 3 minutos aproveitando a sensação gostosa e a energia de cura que acabou de gerar.

Depois diga em voz alta: *sou grato, sou grato, sou grato.*

Se você quer visualizar o exercício para averiguar se está fazendo da maneira correta entre neste *link* a seguir:

http://marcialuz.com/page/exercicio-da-melequinha.

**Recapitulando**

## EXERCÍCIO NÚMERO 18:
### Exercício da "melequinha"

1. Ao acordar, anote em seu Caderno da Gratidão os 3 itens de hoje relacionados à saúde pelos quais é grato; releia-os e diga em voz alta 3 vezes: *obrigado, obrigado, obrigado.*
2. Sente-se numa cadeira com a coluna bem retinha e coloque as mãos sobre suas coxas. A respiração será toda pelo nariz.
3. Agora faça movimentos bem rápidos com os braços erguendo-os acima da cabeça com as palmas das mãos abertas e viradas para frente. Em seguida, baixe-as até a altura dos ombros, com

vigor, e então feche-as como se quisesse pegar o ar que está lá em cima e trazê-lo para seus ouvidos.
4. Ao mesmo tempo inspire e expire apenas pelo nariz fazendo barulho, ou seja, soltando o ar com força e acompanhando os movimentos dos braços. Faça isso 30 vezes seguidas.
5. Pare 10 segundos para descansar e recomece mais uma sequência de 30 movimentos rápidos. Descanse novamente por 10 segundos e faça mais uma sequência de 30 movimentos.
6. Encerre fechando os olhos, descansando os braços sobre as coxas e respirando normalmente. Você perceberá que seu corpo está todo energizado, até um pouco trêmulo. Sinta essa energia circular por todos os órgãos de seu corpo e imagine-a curando e renovando cada célula. Fique ao menos 3 minutos aproveitando a sensação gostosa e a energia de cura que acabou de gerar.
7. Depois diga em voz alta: *sou grato, sou grato, sou grato*.
8. Antes de dormir, pegue seu Caderno da Gratidão, olhe o que anotou pela manhã e, se quiser, inclua mais alguns itens. Leia em voz alta os agradecimentos do dia e diga após cada frase: *obrigado, obrigado, obrigado*, ou *sou grato, sou grato, sou grato*.

# Dia 19

## Ativação glandular

Como você já viu na primeira parte deste livro, emoções que não foram bem trabalhadas acabam afetando o bom funcionamento do seu corpo. O sistema endócrino, responsável pela produção de importantes hormônios para o organismo, é um dos primeiros a ser atingido.

Hoje vamos trabalhar 3 glândulas que fazem parte do sistema endócrino, e cujas atividades são cruciais em nosso corpo. Elas libertam os hormônios controladores da felicidade, do metabolismo, do crescimento e do sistema imunológico.

Essa sequência de exercícios simples, mas poderosa, ocorrerá em três etapas e trabalhará a glândula pituitária, a tireoide e o timo, respectivamente. Então vamos começar.

Respire profundamente várias vezes para relaxar o corpo, sentado confortavelmente numa cadeira ou numa almofada. Comece a fazer um movimento de rodopio suave com a parte superior do seu corpo no sentido dos ponteiros do relógio, enquanto mantém a língua no céu da boca. Faça isso durante 2 ou 3 minutos, o que irá estimular a glândula pituitária.

A seguir, enquanto está sentado com a coluna reta, incline devagar a cabeça para frente até que o queixo toque quase o seu peito. Fique nessa posição por alguns segundos e então comece devagar a inclinar a cabeça para trás. Pare quando ficar desconfortável, de maneira que esteja olhando para o teto. Fique nessa posição durante mais alguns segundos e depois retorne a cabeça para a posição normal. Incline-a depois vagarosamente para o lado esquerdo e, em seguida, para o direito, mantendo a posição por alguns segundos em cada um deles. Lembre-se que o corpo fica reto e apenas a cabeça se inclina. Isso estimula a glândula tireoide na área da garganta.

Finalmente, dê batidinhas leves na área no centro do seu peito, 6 cm acima de onde acaba a caixa torácica. Faça isso durante 1 ou 2 minutos e irá estimular a glândula do timo.

Finalize a sequência de exercícios dizendo: *sou grato, sou grato, sou grato*.

Se você quiser visualizar o exercício para averiguar se está fazendo da maneira correta acesse o *link* a seguir: http://marcialuz.com/page/ativacao-glandular.

**Recapitulando**

## EXERCÍCIO NÚMERO 19:
### Ativação glandular

1. Ao acordar, anote em seu Caderno da Gratidão os 3 itens de hoje relacionados à saúde pelos quais é grato; releia-os e diga em voz alta 3 vezes: *obrigado, obrigado, obrigado.*

2. Respire várias vezes profundamente para relaxar o corpo, sentado confortavelmente numa cadeira ou numa almofada. Comece a fazer um movimento de rodopio suave com a parte superior do seu corpo no sentido dos ponteiros do relógio, enquanto mantém a língua no céu da boca. Faça isso durante 2 ou 3 minutos, o que estimulará a glândula pituitária.

3. A seguir, enquanto está sentado com a coluna reta, incline devagar a cabeça para frente até que o queixo quase toque o peito. Fique nesta posição alguns segundos e comece devagar a inclinar a cabeça para trás. Pare quando ficar desconfortável,

de maneira que esteja olhando para o teto. Fique nessa posição durante alguns segundos e depois retorne a cabeça para a posição normal. Incline-a da lentamente para o lado esquerdo e, a seguir, para o direito, mantendo-a por alguns segundos em cada uma das posições. Lembre-se que o corpo fica reto e apenas a cabeça se inclina. Isso estimula a glândula tireoide na área da garganta.

4. Finalmente, dê batidinhas leves na área central do seu peito, 6 cm acima de onde acaba a caixa torácica. Faça isso durante 1 ou 2 minutos, o que estimulará a glândula do timo.
5. Finalize a sequência de exercícios dizendo: *sou grato, sou grato, sou grato.*
6. Antes de dormir, pegue seu Caderno da Gratidão, olhe o que anotou pela manhã e, se quiser, inclua mais alguns itens. Leia em voz alta os agradecimentos do dia e diga após cada frase: *obrigado, obrigado, obrigado,* ou *sou grato, sou grato, sou grato.*

# Dia 20

## Cure sua criança interior

A criança que você já foi um dia ainda mora dentro de você? Tenho certeza que sim, por mais que ela esteja sendo deixada no quartinho dos fundos da sua alma. Acontece que cuidar da nossa criança interior é de importância vital para o desenvolvimento emocional e também para manter uma autoestima saudável.

É praticamente impossível passar pela infância sem feridas emocionais não solucionadas. Essas recordações do passado mantêm nossa criança interior machucada até os dias de hoje. A consequência disso é que você não está 100% inteiro no presente porque uma parte das suas emoções ficou presa no passado.

A sua criança interior precisa ser cuidada, amada e tratada com carinho. E você não precisa necessariamente trazer à tona quais foram os acontecimentos que te machucaram, nem mesmo checar se eles foram reais ou fruto da sua imaginação. O Importante é resgatar sua criança com amor e aceitação.

Enquanto esse resgate emocional não acontece, é comum ostentarmos reações infantis frente às adversidades. Se sofremos situações de violência, negligência, desamparo, incompreensão, abandono e mágoas durante o período da infância, e se isso não foi trabalhado adequadamente, trará consequências para os relacionamentos do presente.

Você pode inclusive começar a repetir modelos de relações que foram nocivas na sua infância, porque são os únicos que ficaram registrados em sua mente. Existe, por exemplo, um estudo que mostra que filhas de alcoólatras tem uma forte probabilidade de casar com homens que abusam do álcool. É como se fosse mais fácil lidar com um mal conhecido que encarar o desconhecido.

É através da conexão com sua criança interior que você vai se curar das mágoas do passado. Por isso, a partir de hoje faremos uma sequência de 7 dias trabalhando sua criança interior, com o objetivo de resgatar a criatividade, a alegria de viver e a pureza espiritual que foi sendo perdida ao longo dos anos.

Vamos começar com um exercício de cura de sua criança interior. Para que ele tenha resultados ainda melhores preciso saber se você se lembra de como era fisicamente em torno dos 5 ou 6 anos de idade. Se quase não lembra, procure uma foto para refrescar a sua memória e captar o máximo de detalhes e lembranças que conseguir.

Uma vez feito isso sente-se de maneira confortável e respire profundamente. O ideal é que o texto abaixo seja lido por alguém para você, mas, se não for possível, vá lendo trecho a trecho, fechando os olhos após cada um deles e imaginando a cena proposta.

Vamos fazer um trabalho de visualização e imaginação. Imagine-se quando criança, no seu quarto, sozinho. Lembre-se que você tem agora entre 5 e 6 anos de idade. O que você fazia quando estava lá? Imagine essa fase da infância, veja o passado e lembre-se de cada detalhe. Quais móveis haviam no seu quarto, de que cores? Com o que você costumava brincar? Algum brinquedo preferido? Um animalzinho de estimação? Quais os cheiros de sua infância estão presentes na cena? E os sons? Existe alguma voz familiar? Alguma música? Quem sabe o barulho das panelas na cozinha onde sua mãe está fazendo o almoço.

Quanto mais detalhes você trouxer para a cena, melhor o efeito do exercício. Agora imagine-se nos dias de hoje, com a idade e aparência que você tem, entrando naquele quarto de sua infância. Você abre a porta e vê uma criança cabisbaixa, insegura. Essa criança é você quando tinha 5 ou 6 anos de idade.

Vocês dois se encontram, o seu eu adulto com o seu eu criança. E esse encontro vai proporcionar a cura de suas feridas do passado. Usando a imaginação, sua pessoa adulta pode tratar, conversar, acariciar e curar a criança que você foi.

Aproxime-se dessa criança ferida, sensível, temerosa e pergunte-lhe o que ela está enfrentando em sua vida de criança. Agora você pode entendê-la, beijá-la, abraçá-la, dar-lhe proteção, apoio e amor. Faça isso por essa criança; dê a ela todo amor e carinho que você teria gostado de receber na infância.

Diga que você a ama e compreende; abrace-a forte e deixe-a perceber que a partir de agora estará a salvo, porque você cuidará dela e a aceitará como ela é.

Brinque com ela, divirtam-se juntos. Aproveite o momento junto com ela. Saia para passear com sua criança. Pergunte onde ela gostaria de ir. Talvez um lugar que sempre desejou, mas não teve oportunidade: um parque de diversões, uma praia, um acampamento etc. Compre para ela um brinquedo que ela quis muito e não teve. Tomem sorvete. Quem sabe um banho de chuva, de mangueira; brinquem numa poça d'água. Dê muitos beijos nessa criança. Ria com ela, bem alto; visualize vocês de mãos dadas dando gargalhadas.

Quando você perceber que sua criança interior já está motivada e alegre, e até exausta depois de um dia com tantas e incríveis aventuras, volte ao quarto dela.

Olhe nos olhos de sua criança e diga que ela jamais ficará sozinha, pois você estará sempre por perto. Abrace sua criança bem apertado e fale: **Fique tranquila. Tudo vai dar certo. Você vai crescer e terá uma vida linda. Você vai ser feliz, ter uma família, e fazer coisas das quais se orgulhará.**

Deixe-a ali a salvo e despeça-se dela, dizendo-lhe que sempre que ela precisar, você voltará para ajudá-la, compreendê-la e dar-lhe amor.

Volte para o presente com o coração feliz por ter ajudado sua criança interior e diga: *sou grato, sou grato, sou grato*.

**Recapitulando**

## EXERCÍCIO NÚMERO 20:
### Cure sua criança interior

1. Ao acordar, anote em seu Caderno da Gratidão os 3 itens de hoje relacionados à saúde pelos quais é grato; releia-os e diga em voz alta 3 vezes: *obrigado, obrigado, obrigado*.
2. Procure lembrar de como você era fisicamente entre os 5 e 6 anos de idade. Consulte uma foto se necessário.
3. Sente-se de maneira confortável e respire profundamente. Faça o exercício de visualização e imaginação explicado anteriormente.
4. Quando concluir o exercício, volte para o presente com o coração feliz por ter ajudado sua criança interior e diga: *sou grato, sou grato, sou grato*.
5. Antes de dormir, pegue seu Caderno da Gratidão, olhe o que anotou pela manhã e, se quiser, inclua mais alguns itens. Leia em voz alta os agradecimentos do dia e diga após cada frase: *obrigado, obrigado, obrigado*, ou *sou grato, sou grato, sou grato*.

# Dia 21

## Converse com sua criança interior

E aí, preparado para continuar a fortalecer e curar sua criança interior? Lembre-se: a principal causa de perdermos a saúde é a falta de amor; quando você se dispõe a resgatar a criança que já foi um dia e a fortalecê-la, todas as peças do seu quebra-cabeça se encaixam e a vida volta a fluir.

No exercício de hoje você terá a oportunidade de conversar com a sua criança interior por intermédio da escrita. É possível que sua criança tenha muita coisa para contar, talvez ela queira desabafar.

E por que isso é tão importante? Porque todos os medos, as mágoas, os ressentimentos e as inseguranças que ficaram guardados em seu subconsciente são um peso desnecessário que você carrega ao longo da vida em sua bagagem, e que só te fazem adoecer. Quando a boca cala, o corpo fala, ou melhor ele **grita**, e o jeito como faz isso é **manifestando doenças**.

Para o exercício de hoje você vai precisar de folhas de papel e duas canetas com cores diferentes; se preferir, pode ser canetinha hidrocor, dessas que as crianças usam na escola, e que encontramos em qualquer papelaria.

Com a mão dominante escreva uma pergunta para sua criança interior. Ela irá respondê-la com a mão esquerda. A menos que você seja ambidestro, ou seja, que escreva naturalmente com as duas mãos, a letra escrita com a mão não treinada sairá bem feinha. Não se preocupe com isso. O importante é o conteúdo da mensagem que vai aparecer.

Aqui vão algumas perguntas como sugestão do que poderá perguntar a ela:
- Do que você gosta?
- Do que você não gosta?
- O que faz você sentir medo? Por quê?
- Como se sente?
- Do que você precisa?
- O que você está sentindo?
- Por que você está triste?
- Por que você tem medo?
- O que te faz feliz?

Você poderá se surpreender com o que vai aparecer. Às vezes nós achamos que sabemos as respostas, mas surge algo completamente diferente do que esperávamos. Isso ocorre porque ao escrever com as mãos alternadas você está acessando os dois hemisférios cerebrais e provocando uma certa estranheza em seu consciente, que relaxa e deixa vir à tona conteúdos que estavam guardados em seu subconsciente.

Procure não deixar sua criança interior sem resposta; se ela falar de seus medos ou mágoas, ouça-a, acolha-a e diga que a ama e que o adulto que você é hoje está aqui para protegê-la. Explique para ela as situações difíceis que ela não conseguiu compreender, fazendo-a sentir-se em paz e segura.

Termine o exercício se despedindo de sua criança, afirmando que a ama e dizendo em voz alta: ***sou grato, sou grato, sou grato.***

**Recapitulando**

# EXERCÍCIO NÚMERO 21:
## Converse com sua criança interior

1. Ao acordar, anote em seu Caderno da Gratidão os 3 itens de hoje relacionados à saúde pelos quais é grato; releia-os e diga em voz alta 3 vezes: *obrigado, obrigado, obrigado.*
2. Pegue papel e duas canetas com cores diferentes. Com a mão dominante escreva uma pergunta para sua criança interior. Ela irá respondê-la com a mão esquerda.
3. Procure não deixar sua criança interior sem resposta; se ela falar de seus medos ou de suas mágoas, ouça-a e acolha-a. Diga que a ama e que o adulto que você é hoje está aqui para protegê-la. Explique para ela as situações difíceis que ela não conseguiu compreender, fazendo-a sentir-se em paz e segura.
4. Termine o exercício se despedindo de sua criança, afirmando que a ama e dizendo em voz alta: *sou grato, sou grato, sou grato.*
5. Antes de dormir, pegue seu Caderno da Gratidão, olhe o que anotou pela manhã e, se quiser, inclua mais alguns itens. Leia em voz alta os agradecimentos do dia e diga após cada frase: *obrigado, obrigado, obrigado,* ou *sou grato, sou grato, sou grato.*

# Dia 22

## É hora de brincar

Conte uma coisa para mim: qual foi a última vez que você brincou? Talvez a sua resposta tenha sido: o que é isso, Marcia Luz, brincar é coisa de criança; eu já estou bem crescidinho. Pois é aí que você se engana; brincar é ter a chance de criar, explorar, inventar e, acima de tudo, é uma oportunidade única de fortalecimento emocional.

Brincar promove o desenvolvimento integral da criança, pois estimula aspectos do cognitivo ao emocional, passando pelo psicomotor e a linguagem. Todavia, isso também ocorre com os adultos, uma vez que não existe idade limite para se aprender coisas novas.

Além disso, brincar propicia autoconhecimento, porque você descobre quais são os seus pontos fortes e fracos, as suas potencialidades e os seus limites, o que, por sua vez, aumenta sua autoconfiança e autoestima.

Ao brincar você desenvolve competências fundamentais para sua vida, como é o caso da comunicação (verbal e não verbal), a aptidão para resolver conflitos, a habilidade para negociar e trabalhar em equipe, a cooperação, bem como o autocontrole e a capacidade de abdicar das próprias ideias e preferências em prol da decisão coletiva.

Você também aprende a ser resiliente, pois, nas brincadeiras nem sempre ganhamos as competições. Nossas ideias sequer são aceitas e nem tudo funciona bem, o que gera frustração. Porém, isso nos ensina a flexibilizar nossos desejos e nossas vontades, aprendendo novos caminhos para alcançar objetivos – apesar das adversidades.

Como se não bastasse, brincar melhora a atenção e a concentração, pois nos sentimos estimulados a focar numa tarefa que nos dá prazer, que é de nosso agrado e, sobretudo, que não entendemos como esforço ou obrigação.

Também permite que você aprenda a expressar suas emoções, visto que no campo do imaginário tudo é possível. Você relaxa para projetar nas brincadeiras os seus medos, as suas dúvidas e ansiedades.

Isso sem contar que a brincadeira estimula a criatividade, porque no campo do imaginário você pode pensar fora dos padrões estabelecidos. Por outro lado, ao brincar aprendemos sobre o cumprimento de regras, o estabelecimento de limites e a determinação de consequências em caso de ignorar-se o que foi combinado.

Finalmente brincar aumenta a felicidade, pois é muito bom fazer algo que se gosta apenas pelo prazer, sem obrigação ou compromisso.

Então hoje você vai brincar!

Peça para a sua criança interior fazer uma lista com suas dez maneiras de se divertir. Veja bem, quem vai fazer essa lista é sua criança interior e não o seu adulto, pois ela entende muito mais de diversão que você.

Quando a lista estiver pronta, brinque com a sua criança interior. Qual era a sua brincadeira favorita na infância? Esqueça os valores sociais que dizem quais são os comportamentos adulto e infantil.

Reserve um tempo e leve sua criança para passear, brincar e se divertir. Sim, você pode. Sim, isso vai gerar muita felicidade e, por consequência, saúde e bem-estar.

Depois, agradeça sua criança interior por ter proporcionado a você momentos tão especiais.

**Recapitulando**

## **EXERCÍCIO NÚMERO 22:**
### É hora de brincar

1. Ao acordar, anote em seu Caderno da Gratidão os 3 itens de hoje relacionados à saúde pelos quais é grato; releia-os e diga em voz alta 3 vezes: *obrigado, obrigado, obrigado.*
2. Peça para a sua criança interior fazer uma lista com suas dez maneiras de se divertir.
3. Quando a lista estiver pronta, brinque com a sua criança interior. Qual era a sua brincadeira favorita na infância?
4. Reserve um tempo e leve sua criança para passear, brincar e se divertir. Isso vai gerar muita felicidade e, por consequência, saúde e bem-estar.
5. Depois agradeça sua criança interior por ter proporcionado a você momentos tão especiais.
6. Antes de dormir, pegue seu Caderno da Gratidão, olhe o que anotou pela manhã e, se quiser, inclua mais alguns itens. Leia em voz alta os agradecimentos do dia e diga após cada frase: *obrigado, obrigado, obrigado,* ou *sou grato, sou grato, sou grato.*

# Dia 23

## Expressão pelo desenho

Hoje nós vamos desenhar. O quê? Você não sabe desenhar? Curiosamente essa é a resposta mais comum que o adulto oferece quando é estimulado a desenhar; no entanto, raramente você vai encontrar uma criança que se recuse a desenhar simplesmente porque não sabe.

A criança entende que não existe saber ou não saber; é apenas uma questão de se divertir com cores e tintas; ela simplesmente pega o material e começa a rabiscar. O adulto que aprendeu que precisa realizar coisas produtivas, dentro dos padrões aceitos pela sociedade, tem medo de não corresponder às expectativas do outro e às próprias exigências internas, por isso, diz que não sabe desenhar.

Mas hoje pouco importa se você considera que desenha bem ou mal, porque a rainha da festa será sua criança interior. Então, pegue algumas folhas de papel em branco, lápis de cor, canetinha hidrocor, giz de cera, tinta guache, pincéis e mãos à obra.

Simplesmente solte sua imaginação e aproveite o momento. Faça quantos desenhos sentir vontade. Você vai ver que depois de começar, o difícil vai ser querer parar, pois a atividade é muito prazerosa.

Depois de concluído, pergunte para a sua criança interior o que ela desenhou. É possível que apareçam muitas mensagens de seu subconsciente que te mostrarão de maneira clara caminhos mais leves para lidar com sua vida.

E lembre-se de agradecer sua criança por proporcionar a você esse momento mágico.

**Recapitulando**

## EXERCÍCIO NÚMERO 23:
### Expressão pelo desenho

1. Ao acordar, anote em seu Caderno da Gratidão os 3 itens de hoje relacionados à saúde pelos quais é grato; releia-os e diga em voz alta 3 vezes: *obrigado, obrigado, obrigado.*
2. Pegue algumas folhas de papel em branco, lápis de cor, canetinha hidrocor, giz de cera, tinta guache, pincéis e comece a desenhar.
3. Faça quantos desenhos sentir vontade.
4. Depois de concluído, pergunte para a sua criança interior o que ela desenhou. É possível que apareçam muitas mensagens de seu subconsciente que te mostrarão claramente caminhos mais leves para lidar com sua vida.
5. Lembre-se de agradecer sua criança por proporcionar a você esse momento mágico.
6. Antes de dormir, pegue seu Caderno da Gratidão, olhe o que anotou pela manhã e, se quiser, inclua mais alguns itens. Leia em voz alta os agradecimentos do dia e diga após cada frase: *obrigado, obrigado, obrigado,* ou *sou grato, sou grato, sou grato.*

# Dia 24

## Um presente especial

Crianças adoram ganhar presentes, e pouco importa se ele é grande ou pequeno, se custou caro ou baratinho, se é novo ou de segunda mão. A criança não precisa de grandes providências para ser feliz. O que a encanta é a novidade, as possibilidades que aquele presente proporcionará e as descobertas que fará.

Qual foi o presente que você ganhou na infância e que te deixou muito feliz? Como ele era? Quem deu este presente para você? Porque ele foi tão especial? Só de lembrar desses momentos o coração já fica quentinho, não é mesmo?

E hoje você vai fazer uma coisa muito melhor do que recordar bons momentos do passado; imagino que faça muito tempo que você não presenteia sua criança interior, se é que alguma vez já fez isso. Pois hoje você terá essa maravilhosa oportunidade.

Compre um urso, uma boneca, um cachorrinho de pelúcia ou qualquer outro brinquedo que possa ficar em seu quarto, pertinho de você. Quando a vendedora perguntar se é para embrulhar para presente, responda que sim e peça que ela faça uma embalagem bem bonita, porque é para uma pessoa muito especial.

Ao chegar em casa, curta o momento de abrir o presente e entrar em contato com a emoção que isso proporcionará. O melhor de tudo é que além da alegria por adquirir esse presente, nos momentos no futuro em que você estiver triste, inseguro ou sem saber que decisões tomar, converse com o seu brinquedo como fazem as crianças, e ele te dará muitas respostas.

Pegue seu presente nas mãos e diga: *sou grato, sou grato, sou grato.*

**Recapitulando**

## EXERCÍCIO NÚMERO 24:
### Um presente especial

1. Ao acordar, anote em seu Caderno da Gratidão os 3 itens de hoje relacionados à saúde pelos quais é grato; releia-os e diga em voz alta 3 vezes: *obrigado, obrigado, obrigado.*
2. Compre um urso, uma boneca, um cachorrinho de pelúcia ou qualquer outro brinquedo que possa ficar em seu quarto, pertinho de você.
3. Quando a vendedora perguntar se é para embrulhar para presente, responda que sim e peça que ela faça uma embalagem bem bonita, porque é para uma pessoa muito especial.
4. Ao chegar em casa, curta o momento de abrir o presente e entrar em contato com a emoção que isso proporcionará.
5. Nos momentos no futuro em que você estiver triste, inseguro ou sem saber que decisões tomar, converse com o seu brinquedo como fazem as crianças, e ele te dará muitas respostas.
6. Pegue seu presente nas mãos e diga: *sou grato, sou grato, sou grato.*
7. Antes de dormir, pegue seu Caderno da Gratidão, olhe o que anotou pela manhã e, se quiser, inclua mais alguns itens. Leia em voz alta os agradecimentos do dia e diga após cada frase: *obrigado, obrigado, obrigado,* ou *sou grato, sou grato, sou grato.*

# Dia 25

## Dia da alegria

Está decretado: hoje será o dia da alegria para você e sua criança interior. E existem várias formas de fazer isso. Por favor não me venha com desculpas do tipo: não tenho tempo, hoje não dá, estou com a agenda muito lotada etc. É a sua saúde que está em jogo e, se você adoecer, vai precisar arrumar tempo na marra para se tratar.

Então vamos trabalhar de maneira preventiva, aumentando suas taxas de serotonina e endorfina (os hormônios da felicidade) com as atividades que vou te propor.

Abaixo você encontrará algumas sugestões para serem feitas **HOJE** com sua criança interior; escolha uma delas (ou até mais) e coloque em prática.

O que você fazia quando criança e não faz mais? Você via pessoas queridas, brincava, ficava de papo para o ar sem fazer nada, assistia a um desenho, tomava sorvete? Defina por qual dessas atividades prazerosas quer começar o seu dia.

Por onde andam os amigos de infância? Escolha um deles, entre em contato e convide-o para tomar um café ou ir ao cinema.

Que locais que lembram bons momentos de sua infância gostaria de visitar? O que está esperando? Vá até lá.

Passe no supermercado e compre apenas aquilo que gosta. E coma, sem culpas! (Mas também sem exageros.)

Ao final do dia perceba como seu coração está repleto de felicidade e o estresse desapareceu.

Agradeça a sua criança interior por ter lhe proporcionado um dia tão especial.

**Recapitulando**

## EXERCÍCIO NÚMERO 25:
### Dia da alegria

1. Ao acordar, anote em seu Caderno da Gratidão os 3 itens de hoje relacionados à saúde pelos quais é grato; releia-os e diga em voz alta 3 vezes: *obrigado, obrigado, obrigado.*
2. O que você fazia quando criança e não faz mais? Você via pessoas queridas, brincava, ficava de papo para o ar sem fazer nada, assistia a um desenho, tomava sorvete? Defina por qual dessas atividades prazerosas quer começar o seu dia.
3. Por onde andam os amigos de infância? Escolha um deles, entre em contato e convide-o para tomar um café ou ir ao cinema.
4. Que locais gostaria de ir que lembram bons momentos de sua infância? O que está esperando? Vá até lá.
5. Passe no supermercado e compre apenas aquilo que gosta. E coma, sem culpas! (Mas também sem exageros.)
6. Ao final do dia perceba como seu coração está repleto de felicidade e o estresse desapareceu. Agradeça a sua criança interior por ter lhe proporcionado um dia tão especial.
7. Antes de dormir, pegue seu Caderno da Gratidão, olhe o que anotou pela manhã e, se quiser, inclua mais alguns itens. Leia em voz alta os agradecimentos do dia e diga após cada frase: *obrigado, obrigado, obrigado,* ou *sou grato, sou grato, sou grato.*

# Dia 26

## Fortaleça sua criança interior

Hoje é nosso sétimo e último dia na sequência de exercícios para fortalecer sua criança interior. Provavelmente hoje você está se sentindo muito mais leve, saudável e feliz que há uma semana. Afinal, as atividades geraram uma enorme quantidade dos hormônios da felicidade em seu organismo.

Mas é possível que ainda tenham ficado em seu subconsciente alguns resquícios de emoções negativas represadas. Então, para ajudar a sua criança interior a se desprender de mágoas e rancores, durante sete dias você vai ler em voz alta as frases a seguir, ao acordar e antes de dormir, pois as palavras têm poder de transformação e cura:

- » Eu sou uma criança amada!
- » Todos os dias e de todas as formas eu sou e estou cada vez melhor!
- » Ajustarei os meus padrões emocionais ao meu novo **eu**.
- » O meu novo **EU** reconhece a minha Criança Interior como adorável, amorosa, sábia e íntegra.
- » Sou digno de ser amado, pois sou uma pessoa linda.
- » Sou íntegro em minhas ações e nas emoções cultivadas por minha criança interior.

Após cada frase diga: ***sou grato, sou grato, sou grato.***

Sugiro que você anote estas frases num cartão e deixe-o dentro de seu caderno da gratidão, para lembrar de repeti-las ao acordar e antes de dormir.

E assim encerramos a sequência dos exercícios para curar e fortalecer sua criança interior.

É possível que durante esta semana que passou você tenha percebido que a sua criança é o espelho daquilo que precisa rever em si mesmo no momento presente da sua vida.

Não é possível, nem necessário, apagar o que ocorreu no passado, mas podemos ressignificar e compreender com um novo olhar.

Pare de ser tão crítico com você mesmo. No passado, você fez o melhor que pôde com o conhecimento que tinha naquela época. E as pessoas a sua volta também. Somos todos inocentes e merecemos novas oportunidades de recomeço.

**Recapitulando**

# EXERCÍCIO NÚMERO 26:
## Fortaleça sua criança interior

1. Ao acordar, anote em seu Caderno da Gratidão os 3 itens de hoje relacionados à saúde pelos quais é grato; releia-os e diga em voz alta 3 vezes: *obrigado, obrigado, obrigado*.
2. Durante sete dias você vai ler em voz alta as frases ensinadas no exercício mencionado anteriormente, ao acordar e antes de dormir, pois as palavras têm poder de transformação e cura.
3. Após cada frase diga: *sou grato, sou grato, sou grato*.
4. Anote estas frases num cartão e deixe-o dentro de seu caderno da gratidão, para repeti-las ao acordar e no fim do dia.
5. Antes de dormir, pegue seu Caderno da Gratidão, olhe o que anotou pela manhã e, se quiser, inclua mais alguns itens. Leia em voz alta os agradecimentos do dia e diga após cada frase: *obrigado, obrigado, obrigado*, ou *sou grato, sou grato, sou grato*.

# Dia 27

## A cura libertadora

Agora que sua criança interior está bem fortalecida é hora de trabalhar um pouco mais a cura e o perdão de possíveis mágoas ligadas a dois vínculos significativos em sua vida: seus pais.

Costumo dizer que temos dois tipos de pais: os pais ideias, ou seja, aqueles idealizados em nossa mente e que gostaríamos de ter tido; e os pais reais, com todos os seus defeitos, que realizaram o papel que conseguiram dar conta em nossas vidas.

Acontece que muito provavelmente eles não estavam totalmente preparados para exercer uma função tão importante. O problema é que, enquanto não formos capazes de superar a frustração e o ressentimento por todos os erros que eles cometeram, não estaremos inteiros para viver relacionamentos de qualidade.

Faremos hoje um exercício de visualização que vai ajudar a curar as feridas do passado que foram provocadas pela relação (ou falta dela) com os seus pais.

O ideal é que tenha alguém para ler o texto abaixo para você, pois o exercício deve ser feito de olhos fechados. Outra opção é ler uma vez todo o exercício em voz alta, gravando em seu celular, e depois fechar os olhos e ouvir a gravação.

Sente-se num lugar confortável, coloque uma música relaxante e feche os olhos.

Respire profundamente e transporte-se para um local onde você se sinta tranquilo e seguro. Agora visualize sua mãe como uma menininha de 3 ou 4 anos, assustada e insegura; procurando por amor sem saber aonde encontrá-lo. Abra os braços e ofereça seu colo a essa criança, acolhendo-a e confortando-a, bem pertinho do seu coração. Diga a ela o quanto a ama e se importa com o bem-estar dela, o quanto ela é significativa para você. Deixe-a saber que pode contar com seu auxílio, que ela não está sozinha, e que você estará por perto sempre que ela precisar de ajuda.

Quando aquela pequena menina se acalmar, imagine-a diminuindo, até caber na palma de sua mão. Então, abra uma porta em seu coração e coloque-a lá dentro, onde ficará segura e confortável.

Dê a ela todo o amor que você for capaz.

Agora imagine o seu pai como um menino de 3 ou 4 anos, aí na sua frente, assustado, inseguro, chorando e precisando de amparo.

Você sabe muito bem que é capaz de tranquilizar e dar amor para crianças; então abra os braços e ofereça seu colo para esse menino que está implorando por ajuda. Acalente essa criança, diga que ela não precisa temer nada, pois você a ama e vai sempre protegê-la contra tudo e contra todos.

Quando o menino estiver mais tranquilo, imagine-o encolhendo até caber em seu coração. Coloque-o lá, ao lado se sua mãe, e dê muito amor para os dois.

O amor que existe em você agora é tão grande que poderia curar todo o planeta Terra. Imagine esse amor como se fosse uma grande bola de luz dourada saindo de seu coração. E nesse momento esse amor que foi gerado pelo acolhimento de seus pais começa a se espalhar por todo o seu corpo curando cada uma das células, dos tecidos e órgãos internos.

Deixe essa bola de luz dourada de amor circular, levando a cura para todo o seu corpo: da cabeça aos dedões dos pés.

Finalmente, ainda de olhos fechados, diga: ***sou grato, sou grato, sou grato***. Respire profundamente e abra os olhos.

**Recapitulando**

## EXERCÍCIO NÚMERO 27:
### A cura libertadora

1. Ao acordar, anote em seu Caderno da Gratidão os 3 itens de hoje relacionados à saúde pelos quais é grato; releia-os e diga em voz alta 3 vezes: *obrigado, obrigado, obrigado.*
2. Sente-se num lugar confortável, coloque uma música relaxante e feche os olhos. Respire profundamente e transporte-se para um local onde você se sinta tranquilo e seguro.
3. Faça o exercício de visualização proposto anteriormente, acolhendo seu pai e sua mãe em seu coração e dando a eles muito amor.
4. Imagine esse amor como uma grande bola de luz dourada que vai se espalhando por todo o seu corpo, curando cada uma das células, dos tecidos e órgãos internos.
5. Finalmente, ainda de olhos fechados diga: *sou grato, sou grato, sou grato.* Respire profundamente e abra os olhos.
6. Antes de dormir, pegue seu Caderno da Gratidão, olhe o que anotou pela manhã e, se quiser, inclua mais alguns itens. Leia em voz alta os agradecimentos do dia e diga após cada frase: *obrigado, obrigado, obrigado,* ou *sou grato, sou grato, sou grato.*

# Dia 28

## Livre-se dos entulhos

Durante as últimas semanas temos trabalhado duro para você ter uma vida saudável e feliz. No entanto, vida nenhuma conserva a saúde se estiver pesada e intoxicada.

Mesmo sem saber, você provavelmente mantém toxinas em casa, que estão drenando sua energia e levando sua saúde para o ralo. Vou te dar vários exemplos: objetos que você não usa; roupas que não gosta ou abandonou há um ano ou mais; coisas feias, quebradas, lascadas ou rachadas; velhas cartas, velhos bilhetes; plantas mortas ou doentes; recibos/revistas/jornais antigos; remédios vencidos; meias, calcinhas e cuecas velhas, furadas; sapatos estragados.

Olha quanto peso sendo carregado!

*"O que está fora está dentro, e isso afeta diretamente a sua saúde"*. Você precisa "destralhar" *(sic)*, ou liberar as tralhas de sua casa. Segundo Mirella Maria Hespanhol o "destralhamento" é a forma mais rápida de transformar a vida. Com ele a saúde melhora, a criatividade cresce e os relacionamentos se aprimoram.

É comum se sentir cansado, deprimido e desanimado em um ambiente cheio de entulho, pois *"existem fios invisíveis que nos ligam a tudo aquilo que possuímos"*. Você acaba se sentindo desorganizado, fracassado e limitado, o que gera aumento de peso ou de apego ao passado.

Aqui vão algumas perguntinhas úteis na hora de "destralhar": Por que estou guardando isso? Será que tem a ver comigo hoje? O que vou sentir ao liberá-lo?

Vá fazendo pilhas separadas: para doar, jogar fora ou simplesmente mandar embora! E, como decretamos faxina, aproveite para liberar mágoas; pare de fumar; diminua o uso da carne; termine projetos inacabados.

Então mãos à obra, sua missão hoje é "destralhar".

A cada coisa que você separar para descartar, doar ou reformar, diga: *sou grato pelo papel que você desempenhou em minha vida e agora te libero para ir embora.*

Lembre-se de fotografar toda sua pilha de descarte e postar no facebook, escrevendo assim: **#jornadadagratidao, #agratidaotransformasuasaude**, e também **#marcialuz**.

**Recapitulando**

## EXERCÍCIO NÚMERO 28:
### Livre-se dos entulhos

1. Ao acordar, anote em seu Caderno da Gratidão os 3 itens de hoje relacionados à saúde pelos quais sente-se grato; releia-os e diga em voz alta 3 vezes: *obrigado, obrigado, obrigado.*
2. Hoje sua tarefa é "destralhar". Pergunte-se: *Por que estou guardando isso? Será que tem a ver comigo hoje? O que vou sentir ao liberar isso?* Vá fazendo pilhas separadas: para doar, jogar fora ou simplesmente mandar embora!
3. E como decretamos faxina, aproveite para liberar mágoas; pare de fumar; diminua o uso da carne; e termine projetos inacabados.
4. A cada coisa que você separar para descartar, doar ou reformar diga: *sou grato pelo papel que você desempenhou em minha vida e agora te libero para ir embora.*
5. Lembre-se de fotografar toda sua pilha de destarte e postar no facebook, escrevendo assim: **#jornadadagratidao, #agratidaotransformasuasaude**, e também **#marcialuz**.

6. Antes de dormir, pegue seu Caderno da Gratidão, olhe o que anotou pela manhã e, se quiser, inclua mais alguns itens. Leia em voz alta os agradecimentos do dia e diga após cada frase: *obrigado, obrigado, obrigado,* ou *sou grato, sou grato, sou grato.*

# Dia 29

## Eu me aprovo

Nada destrói mais a sua saúde que a falta de amor por si mesmo e aceitação de quem você é. Para evitar isso, o exercício que vou te ensinar hoje é o elixir mais poderoso para estimular a autoaceitação.

Ele consiste no seguinte: nos próximos 5 dias, ou seja, até o final de nossa jornada você deverá dizer: *"Eu me aprovo"* de 300 a 400 vezes por dia.

Mas, Marcia Luz, tanto assim? Sim, **tanto assim**. O que estamos fazendo é dar à sua mente uma dose maciça de autoconfiança, a partir da autoindução.

Sabemos que qualquer informação repetida inúmeras vezes torna-se verdade. Então, ainda que você não se aprove, mesmo que seja extremamente rigoroso consigo, o fato de repetir *"eu me aprovo"* tantas vezes vai alterar positivamente seu padrão mental.

É claro que sua mente vai procurar puxar seu tapete, dizendo: *"Como você pode se aprovar se vive deixando a desejar no alcance de seus objetivos"*? *"Você tem coragem de dizer que aprova o seu excesso de peso, esse cabelo horroroso e sua saúde que está sempre precária"*?

A cada vez que sua mente trouxer uma dessas frases detonadoras, diga apenas: *"Grata por compartilhar"* e deixe o pensamento negativo esvaziar-se sozinho. E logo em seguida repita: *"eu me aprovo"*.

Espalhe bilhetinhos por toda a casa com a frase *"eu me aprovo"*. Coloque no espelho, em seu computador, na porta da geladeira. Programe seu celular para tocar a cada duas horas durante o dia lembrando-o de dizer várias vezes *"eu me aprovo"*.

Repita até que vire um mantra para você, que volte a ser repetido, e repetido, e repetido, até que ele povoe seus pensamentos o tempo todo.

No final de cada um dos cinco dias desse exercício, agradeça por ter conseguido cumprir a tarefa dizendo: *sou grato, sou grato, sou grato*.

**Recapitulando**

## EXERCÍCIO NÚMERO 29:
### Eu me aprovo

1. Ao acordar, anote em seu Caderno da Gratidão os 3 itens de hoje relacionados à saúde pelos quais é grato; releia-os e diga em voz alta 3 vezes: *obrigado, obrigado, obrigado*.
2. Nos próximos 5 dias, ou seja, até o final de nossa jornada você deverá dizer *"Eu me aprovo"* de 300 a 400 vezes por dia.
3. A cada vez que sua mente trouxer uma frase detonadora para atrapalhar o seu mantra, diga apenas: *"Grata por compartilhar"* e deixe o pensamento negativo esvaziar-se sozinho. E logo em seguida repita: *"eu me aprovo"*.
4. Espalhe bilhetinhos por toda a casa com a frase *"eu me aprovo"*. Programe seu celular para tocar a cada duas horas durante o dia lembrando-o de dizer várias vezes *"eu me aprovo"*.
5. Repita até que o *"eu me aprovo"* povoe seus pensamentos o tempo todo.
6. No final de cada um dos cinco dias desse exercício agradeça por ter conseguido cumprir a tarefa dizendo: *sou grato, sou grato, sou grato*.
7. Antes de dormir, pegue seu Caderno da Gratidão, olhe o que anotou pela manhã e, se quiser, inclua mais alguns itens. Leia em voz alta os agradecimentos do dia e diga após cada frase: *obrigado, obrigado, obrigado*, ou *sou grato, sou grato, sou grato*.

# Dia 30

## Construa novos diálogos internos

A qualidade da sua vida depende das crenças que são alimentadas por você. Uma das formas pelas quais suas crenças se apresentam é através do Diálogo Interno.

O diálogo interno é uma conversa que você tem consigo mesmo, entre as mentes consciente e inconsciente. Ele pode ser positivo ou negativo.

O diálogo interno negativo pode ser a fonte de muito sofrimento, uma vez que ele alimenta suas crenças limitantes e impede sua prosperidade, saúde e felicidade. Aqui estão alguns exemplos de diálogos internos negativos:

- » O chefe não vai gostar do meu trabalho.
- » Nunca serei tão bom quanto ele.
- » Eu sou limitado mesmo.
- » Tem alguma coisa de errado comigo.
- » Eu sou muito fraco.
- » Ninguém me ama.
- » Odeio o meu corpo.

Acontece que já aprendemos neste livro que pensamentos são apenas palavras enfileiradas, e que podem ser modificados a qualquer momento. O que você vai fazer hoje, então, é substituir seus velhos diálogos internos negativos por diálogos internos positivos e empoderadores.

O exercício consiste no seguinte: numa folha de papel faça duas colunas. Na coluna da esquerda anote os diálogos internos negativos que você fica repetindo para si mesmo e que detonam sua autoestima.

Em seguida, na coluna da direita anote o diálogo interno positivo que anula a frase correspondente. Exemplos:

| DIÁLOGO INTERNO NEGATIVO | DIÁLOGO INTERNO EMPODERADOR |
| --- | --- |
| O chefe não vai gostar do meu trabalho. | Sou reconhecido por meus superiores pelo excelente trabalho que realizo. |
| Odeio o meu corpo. | Tenho um corpo esbelto e saudável. |
| Eu sou limitado mesmo. | A cada dia desenvolvo novas habilidades e competências. |
| Tem alguma coisa de errado comigo. | Amo e aprovo a mim mesmo. |
| Eu sou muito fraco. | Sou forte, determinado e confiante. |

Não se preocupe se ao preencher a coluna da direita você tiver a sensação de que está mentindo para si mesmo. Isto ocorre porque seus velhos pensamentos haviam sido repetidos tantas vezes por você que já lhe pareciam familiares, mas a partir de agora eles serão substituídos por outros que ajudarão a construir a vida e saúde que você realmente merece.

Quando terminar de preencher a coluna da direita leia as frases positivas em voz alta ao menos 5 vezes, dizendo após cada uma delas: *sou grato, sou grato, sou grato.*

Depois escreva as frases positivas num cartão e coloque-o num local onde possa ser lido por você várias vezes durante o dia, e por vários dias consecutivos.

Lembre-se de fotografar seu cartão com os diálogos internos empoderadores e postar no facebook com a Rechetag: **#jornadadagratidao**, **#agratidaotransformasuasaude**, e também **#marcialuz**.

**Recapitulando**

## EXERCÍCIO NÚMERO 30:
### Construa novos diálogos internos

1. Ao acordar, anote em seu Caderno da Gratidão os 3 itens de hoje relacionados à saúde pelos quais é grato; releia-os e diga em voz alta 3 vezes: *obrigado, obrigado, obrigado.*
2. Diga *"Eu me aprovo"* de 300 a 400 vezes durante o dia de hoje.
3. Numa folha de papel faça duas colunas. Na coluna da esquerda anote os diálogos internos negativos que você fica repetindo para si mesmo e que detonam sua autoestima.
4. Em seguida, na coluna da direita anote o diálogo interno positivo que anula a frase correspondente.
5. Leia as frases positivas em voz alta ao menos 5 vezes, dizendo após cada uma delas: *sou grato, sou grato, sou grato.*
6. Escreva as frases positivas num cartão e coloque-o num local onde possa ser lido por você várias vezes durante o dia, e por vários dias consecutivos.
7. Antes de dormir, pegue seu Caderno da Gratidão, olhe o que anotou pela manhã e, se quiser, inclua mais alguns itens. Leia em voz alta os agradecimentos do dia e diga após cada frase: *obrigado, obrigado, obrigado,* ou *sou grato, sou grato, sou grato.*

# Dia 31

## Eu sou merecedor

Você se sente merecedor das dádivas de Deus? Acredita que a felicidade foi feita para você? Deseja ter uma vida próspera, saudável e feliz?

Veja, eu tenho consciência da abundância que existe no Universo. Além disso acredito num Deus – poder do cosmos ou força da vida, chame como quiser – que nos quer em plenitude e, por isso, vive nos entregando presentes.

Acontece que essa força maior respeita o livre arbítrio, as escolhas do ser humano; é por isso que a chave que abre a porta do nosso coração está pelo lado de dentro, e só você pode decidir quando quer abri-la.

Deus quer te dar presentes e atender as suas preces, mas se você não se permitir recebê-los Ele nada poderá fazer. Quando começam a fazer o curso da Gratidão – http://agratidaotransforma.com.br/saude – meus alunos obtêm resultados surpreendentes logo nos primeiros dias. Isso porque as bênçãos que deveriam chegar a eles já estavam prontas, esperando apenas que eles se abrissem para recebê-las.

Nosso exercício de hoje vai te colocar num estado apropriado de pensamento para receber os presentes que a vida tem para você.

Coloque-se diante de um espelho, olhe-se nos olhos e diga: *"eu mereço ter, ser e receber todas as bênçãos da vida"*. Repita esta frase 10 vezes e depois diga: *sou grato, sou grato, sou grato*.

Depois, ao longo do dia, todas as vezes em que se deparar com uma oportunidade, ou com algo que gostaria de conquistar/adquirir) repita: *"eu mereço ter, ser e receber todas as bênçãos da vida. Sou grato, sou grato, sou grato. "*

Procure incorporar essa frase ao seu cotidiano, repetindo-a de hoje em diante todos os dias.

**Recapitulando**

## EXERCÍCIO NÚMERO 31:
### Eu sou merecedor

1. Ao acordar, anote em seu Caderno da Gratidão os 3 itens de hoje relacionados à saúde pelos quais é grato; releia-os e diga em voz alta 3 vezes: *obrigado, obrigado, obrigado*.
2. Diga "Eu me aprovo" de 300 a 400 vezes durante o dia de hoje.
3. Vá até a frente de um espelho, olhe-se nos olhos e diga: *"eu mereço ter, ser e receber todas as bênçãos da vida"*. Repita esta frase 10 vezes e depois diga: *sou grato, sou grato, sou grato*.
4. Depois, ao longo do dia, todas as vezes que se deparar com uma oportunidade, ou com algo que gostaria de conquistar/adquirir, repita: *"eu mereço ter, ser e receber todas as bênçãos da vida. Sou grato, sou grato, sou grato. "*
5. Procure incorporar essa frase ao seu cotidiano, repetindo-a de hoje em diante todos os dias.
6. Antes de dormir, pegue seu Caderno da Gratidão, olhe o que anotou pela manhã e, se quiser, inclua mais alguns itens. Leia em voz alta os agradecimentos do dia e diga após cada frase: *obrigado, obrigado, obrigado*, ou *sou grato, sou grato, sou grato*.

# Dia 32

## Eu me amo

No quarto dia dessa jornada você experimentou olhar-se no espelho e dizer *"eu me amo"*. Espero sinceramente que isso tenha se incorporado ao seu dia a dia e que daquela data em diante você tenha feito (e continue fazendo) declarações diárias de amor por si mesmo.

Como já foi explicado, ninguém dá o que não tem, por isso, amar-se é o primeiro passo para relacionar-se verdadeiramente com outras pessoas. Uma mãe é incapaz de amar o próprio filho se não aprender a se amar primeiro. E essa verdade vale para qualquer outro tipo de relacionamento.

Por esse motivo vamos fazer mais um exercício onde você vai treinar o amor por si mesmo.

Numa folha de papel escreva: *eu me amo, portanto...*

Agora complete – com as mais variadas atitudes e escolhas; com os pensamentos mais diversos – o que pretende ter/fazer de hoje em diante para construir uma vida mais feliz e saudável.

Veja alguns exemplos do que você poderá anotar em sua folha:

- Eu me amo, portanto escolho comer alimentos saudáveis.
- Eu me amo, portanto faço exercícios físicos e de relaxamento no mínimo 3 vezes por semana.
- Eu me amo, portanto tudo dá sempre certo em minha vida.
- Eu me amo, portanto, o dinheiro sempre flui para minha conta bancária.

» Eu me amo, portanto sou saudável e meu corpo reage maravilhosamente bem aos estímulos externos e internos.
» Eu me amo, portanto, lido de forma assertiva com todas as minhas emoções.

Continue inserindo frases em sua lista até que ela alcance **no mínimo 20** afirmações poderosas. Quando estiver pronta, leia-a em voz alta dizendo no final: *sou grato, sou grato, sou grato.*

De tempos em tempos volte à sua lista completando-a com novas frases empoderadoras e que te façam amar a si mesmo cada vez mais.

**Recapitulando**
## EXERCÍCIO NÚMERO 32:
### Eu me amo

1. Ao acordar, anote em seu Caderno da Gratidão os 3 itens de hoje relacionados à saúde pelos quais é grato; releia-os e diga em voz alta 3 vezes: *obrigado, obrigado, obrigado.*
2. Diga *"Eu me aprovo"* de 300 a 400 vezes durante o dia de hoje.
3. Numa folha de papel escreva: *eu me amo, portanto...*
4. Agora complete – com as mais variadas atitudes e escolhas; e os pensamentos mais diversos – o que pretende ter/fazer de hoje em diante para construir uma vida mais feliz e saudável.
5. Insira no mínimo 20 afirmações poderosas em sua lista. Quando estiver pronta, leia-a em voz alta dizendo no final: *sou grato, sou grato, sou grato.*
6. De tempos em tempos volte à sua lista completando-a com novas frases empoderadoras e que te façam amar a si mesmo cada vez mais.
7. Antes de dormir, pegue seu Caderno da Gratidão, olhe o que anotou pela manhã e, se quiser, inclua mais alguns itens. Leia em voz alta os agradecimentos do dia e diga após cada frase: *obrigado, obrigado, obrigado,* ou *sou grato, sou grato, sou grato.*

# Dia 33

## Abro-me para as bênçãos da vida

Estamos chegando ao final de nossa jornada e tenho certeza que muitas feridas já foram curadas em seu coração, portanto, agora você está pronto para receber vários presentes da vida. E é o que vamos fazer no exercício de hoje.

Sugiro que você leia uma vez o exercício abaixo gravando-o em seu celular para que possa realizá-lo de olhos fechados. Então vamos lá.

Sente-se confortavelmente numa cadeira, feche os olhos, respire profundamente e abra seus braços como se quisesse abraçar alguém e mantenha as palmas das mãos também abertas e viradas para cima.

Nesta posição diga em voz alta: *"Estou aberto e receptivo a todas as bênçãos e a toda a abundância do Universo"*. Repita mais duas vezes a mesma frase: Estou aberto e receptivo a todas as bênçãos e *a toda a* abundância do Universo". Estou aberto e receptivo a todas as bênçãos e *a toda a* abundância do Universo". Depois acrescente: *sou grato, sou grato, sou grato.*

Ainda de olhos fechados, descanse os braços sobre as coxas e continue com as palmas das mãos abertas e viradas para cima. Imagine um raio de luz dourada entrando em você pelo topo de sua cabeça e espalhando-se por todas as partes de seu corpo, por todos os órgãos, em cada célula, até chegar na planta dos seus pés.

Nesse momento você se sente abençoado, tranquilo, repleto de vida e saúde. O amor que pulsa em você é suficiente para curar o mundo todo. Usufrua desse amor e saiba que de hoje em diante ele te protegerá e transbordará, amparando a todos aqueles que cruzarem o seu caminho.

Repita: *sou grato, sou grato, sou grato.*

Guarde em seu coração e em sua mente a certeza de que um novo **EU** acaba de renascer e, de hoje em diante, você terá uma nova vida muito abençoada.

Abra os olhos e conserve essa sensação de paz, equilíbrio e amor.

**Recapitulando**

## EXERCÍCIO NÚMERO 33:
### Abro-me para as bênçãos da vida

1. Ao acordar, anote em seu Caderno da Gratidão os 3 itens de hoje relacionados à saúde pelos quais é grato; releia-os e diga em voz alta 3 vezes: *obrigado, obrigado, obrigado.*
2. Diga *"Eu me aprovo"* de 300 a 400 vezes durante o dia de hoje.
3. Sente-se, feche os olhos, respire profundamente e acompanhe o exercício apresentado anteriormente.
4. Abra os olhos e conserve a sensação de paz, equilíbrio e amor.
5. Antes de dormir, pegue seu Caderno da Gratidão, olhe o que anotou pela manhã e, se quiser, inclua mais alguns itens. Leia em voz alta os agradecimentos do dia e diga após cada frase: *obrigado, obrigado, obrigado,* ou *sou grato, sou grato, sou grato.*

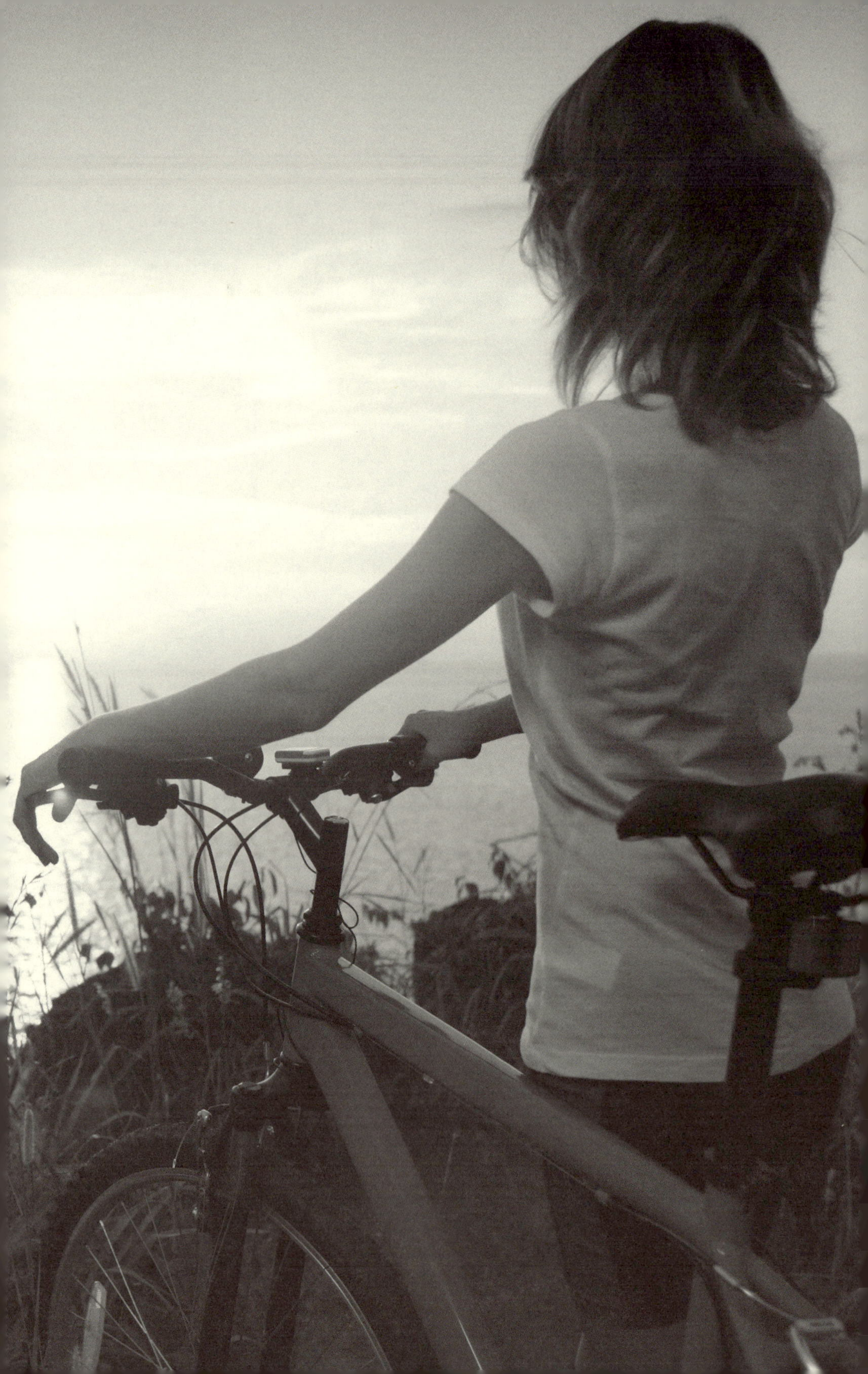

# É hora de recomeçar

Parabéns! Você chegou ao fim de nossa Jornada da Gratidão pela Saúde. Tenho certeza de que se você realizou todos os exercícios com empenho e dedicação, neste exato momento está se sentindo mais fortalecido, saudável e em paz.

No entanto tenho uma pergunta para te fazer: por quanto tempo você gostaria de manter-se assim, nesse estado de equilíbrio e harmonia? O quê? Até o fim de sua vida? Então, é por esse mesmo prazo que você deverá continuar realizando a prática da gratidão.

Isso significa que está na hora de recomeçar a jornada dos 33 dias até que vire um hábito em sua vida, como escovar os dentes ou tomar banho.

E se durante a jornada você sentiu necessidade de fortalecer outras áreas de sua vida, procure também os meus livros *A gratidão transforma* e *A gratidão transforma sua vida financeira*, ambos lançados pela DVS Editora.

Acredito que fomos feitos para sermos felizes, e que merecemos toda a saúde, prosperidade e abundância que o Universo tem para nós.

Porém, se em algum momento de nossa trajetória nos desconectarmos da "Fonte", começaremos a viver na doença, escassez e solidão. Mas isso se reverterá no instante em que você sintonizar sua alma com o Fluxo do Universo.

O caminho mais rápido e poderoso para essa transformação é a **gratidão**. Ela tem feito verdadeiros milagres em minha vida e na vida dos meus milhares de alunos. Fico muito feliz por saber que agora você também já faz parte dessa grande Comunidade do Bem, que está ajudando a fazer do mundo um lugar melhor para se viver.

E o motivo pelo qual os resultados são tão rápidos e intensos é simples (e a cada dia mais e mais pessoas o estão descobrindo): **A Gratidão Transforma!**

# Bibliografia Consultada

HAY, Louise L. ***Você pode curar sua vida.*** Editora Best Seller, 18ª edição, São Paulo, 1984.

DETHLEFSEN, Thorwald, DAHLKE, Rudiger. ***A doença como caminho.*** Cultrix, São Paulo, 1983.

CAIRO, Cristina. ***Linguagem do corpo.*** Ed. Mercuryo. São Paulo, 1999.

MELLO FILHO, Júlio de. **Concepção psicossomática, visão atual.** Casa do Psicólogo, São Paulo, 2002.

CAPRA, Fritjof. ***O Ponto de Mutação – a ciência, a sociedade e a cultura emergente.*** Cultrix, São Paulo, 1982.

CHOPRA, Deepak. ***O Efeito Sombra.*** E. Lua de Papel, 2010.

LOWEN, Alexander. ***Uma vida para o corpo, Autobiografia de Alexander Lowen.*** Summus editorial, São Paulo, 2007.

DOYLE, Iracy. **O fator psicológico na asma brônquica.** Arq. de Neuropsiquiatria, vol. 4. Nº 3, São Paulo julho/setembro, 1946.

CRUZ, Marina Zuanazzi. **PSICOSSOMÁTICA NA SAÚDE COLETIVA- um enfoque biopsicossocial.** Faculdade de Medicina de Botucatu, pós-grad. em Saúde Coletiva. Botucatu, 2011.

WEIL, Pierre, ***O corpo fala.*** Vozes, São Paulo, 1996.

# GLOSSÁRIO
## Partes do corpo e manifestações clínicas

Abcesso, significado - 57
Acidentes, significado - 58
Abdômen - 53
Amigdalas - 54
Artérias - 50
Articulações - 52
Autoimunes, doenças, significado - 57
Baço - 50
Bacia - 52
Boca - 54
Bexiga - 51
Braços - 53
Cabeça - 55
Cabelo - 49
Calcificações, significado - 56
Câncer, significado 3 - 56
Cistos, significado - 56
Coluna vertebral - 52
Coma, significado - 58
Coração - 50
Cortes, significado - 57
Costas - 53
Dentes - 50
Desmaio, significado - 57
Dores, significado - 55
Estômago - 50
Faringe - 54
Fígado - 51
Fraturas, significado - 57
Garganta - 54
Gengivas - 54
Inchaços, significado - 56

Inflamações, significado - 56
Infecção, significado - 56
Intestino delgado - 51
Intestino grosso - 51
Laringe - 54
Língua - 54
Mãos - 53
Massas, significado - 56,64
Membros superiores - 53
Morte, significado - 58
Músculos - 49
Nariz - 55
Olhos - 55
Órgãos sexuais femininos - 51
Órgãos sexuais masculinos - 52
Ossos - 49
Ouvidos - 55
Parte frontal do tronco - 53
Pele - 49
Pelo - 49
Pernas - 52
Pés - 52
Pescoço - 54
Pulmões - 50
Pústula, significado - 57
Quadril - 52
Queimadura, significado - 58
Rins - 51
Rupturas, significado - 57
Sangue - 50
Seios nasais - 54
Septicemia, significado - 58

Tireoide - 54
Tonturas, significado - 57
Tórax - 53
Traqueia - 54
Tumores, significado - 56

Vasos sanguíneos - 50
Veias - 50
Vesícula - 51
Vias aéreas superiores - 54

## Nomenclatura de doenças ou sintomas

Aborto espontâneo - 84
Acidentes nas pernas - 87
Acidentes na cabeça - 64
Acidentes na coluna - 71
Acidentes nas costas - 71
Acidentes na mão - 80
Acidente no pé - 88
Acne - 89
Adenoides inflamados - 66
Afasia - 69
Afonia - 69
Aftas - 67
AIDS - 83,85
Alcoolismo - 68
Alopecia - 65
Alucinações - 64
Amigdalas inflamadas - 67
Amenorréia - 83
Amnésia - 64
Amputação do pé - 88
Amputação das pernas - 87
Anemia - 90
Aneurisma - 64
Angina - 73
Angústia - 72
Anorexia - 68
Apendicite - 75
Apnéia do sono - 75
Arrancar o cabelo - 65
Arritmia - 72

Arrotar - 68 Arroto
Arteriosclerose - 73
Artrite, braço - 79
Artrite, joelho - 87
Artrite, mão - 79
Artrite, pés - 88
Artrite, quadril - 80
Artrite séptica, quadril - 81
Artrose, braço - 79
Artrose, joelho - 87
Artrose, mão - 79
Artrose, pés - 88
Ascite - 75
Asma - 74
Astigmatismo - 65
Ataque do coração - 73
Azia - 76
Batida na cabeça - 64
Bexiga neurogênica - 86
Boca amarga - 68
Boca seca - 68
Bradicardia - 72
Bronquiolite - 74
Bronquite - 74
Bulimia - 68
Bursite - 79
Cãibra - 87
Cabelos brancos - 65
Cálculo na vesícula - 77
Cálculo biliar - 77

Calcificação na coluna - 71
Cálculo renal - 86
Câncer de bexiga - 87
Câncer na boca - 69
Câncer de estômago - 76
Câncer de fígado - 77
Câncer na garganta - 69
Câncer no intestino - 79
Câncer na língua - 69
Câncer de ovário - 82
Câncer de pâncreas - 77
Câncer de pele - 89
Câncer de pulmão - 74
Câncer nos seios - 72
Câncer no útero - 82
Candidíase - 84
Cáries - 67
Catarata - 66
Cegueira - 66
Cervicite - 83
Chorar - 66 Choro
Ciatalgia - 81
Cistite intersticial - 87
Cisto nos ovários - 82
Cloasmas - 65
Coceira na cabeça - 64
Colecistite - 77
Cólica menstrual - 83
Cólica renal - 86
Colite ulcerativa - 78
Comer compulsivamente - 68
Conjuntivite - 65
Constipação intestinal - 78
Coqueluche - 75
Coriza - 66
Corrimento vaginal - 82
Cortes na cabeça - 64
Cortes nas mãos - 80
Cortes no pé - 88
Cortes nas pernas - 87

Demência - 64
Depressão - 64
Derrame cerebral - 64
Dermatites - 89
Dermatite no couro cabeludo, face - 64
Dermatomiosite - 89
Desvios na coluna - 71
Diabetes - 76
Diarreia - 77
Dietas - 69
Dietas restritas - 69
Dificuldade para deglutir - 67
Dispepsia - 76
Disminorréia - 83
Displasia de quadril - 80
Distrofia muscular - 90
Diverticulite - 78
Doença celíaca - 78
Doença de crohn - 78
Doença inflamatória pélvica - 82
Doença pulmonar obstrutiva crônica - 74
Doenças sexualmente
  transmissíveis (DST) - 83, 85
Dor no antebraço - 79
Dor nos braços - 79
Dor de cabeça - 63
Dor no cóccix - 80
Dor na coluna - 70
Dor de estômago - 75
Dor no fígado - 77
Dor de garganta - 67
Dor nas mãos - 79
Dor no meio do peito - 72
Dor miofascial - 90
Dor no pênis - 84
Dor nos ombros - 70
Dor de ouvido - 70
Dor na parte inferior das costas - 70
Dor na parte média das costas - 70
Dor na parte superior das costas - 70

Dor no período ovulatório - 82
Dor nas pernas - 87
Dor nos pés - 88
Dor no pescoço - 67
Dor na próstata - 85
Dor referida (abdômen) - 75
Dor na região cervical - 70
Dor na região lombar - 70
Dor na região torácica posterior - 70
Dor nos seios - 72
Dor no tórax - 71
Drogas - 68
Ejaculação precoce - 85
Endocervicite - 83
Endometriose - 84
Enfisema - 74
Entorses no pé - 88
Entupimento de vasos sanguíneos - 73
Enurese noturna infantil - 86
Enxaqueca - 63
Epifisiólise - 80
Epilepsia - 64
Esclerose lateral amiotrófica - 90
Esclerose múltipla - 90
Escorregamento do fêmur do colo femoral - 80
Esofagite - 76
Estrabismo - 65
Falta de irrigação de sangue na cabeça do fêmur - 81
Fascite plantar - 88
Febre - 64
Feridas no colo do útero - 84
Fibromialgia - 88
Ficar sem voz - 69
Fibrose cística - 74
Fimose - 85
Fístulas anais - 79
Fogo selvagem - 89
Fraqueza nas pernas - 87

Fratura no braço - 80
Fratura no cóccix - 80
Fraturas na coluna - 71
Fratura na mão - 80
Fratura nos pés - 88
Fratura nas pernas - 87
Fratura no quadril - 81
Frigidez - 83
Fumo - 68
Gagueira - 69
Gastrite - 76
Gengivite - 67
Glaucoma - 65
Glomérulonefrite - 85
Glossite - 68
Granulomatose de Wegener - 75
Gravidez ectópica - 84
Gravidez de risco - 84
Gravidez tubária - 84
Gripe - 74
Hanseníase - 89
Hiperplasia da próstata - 85
Hemorragia do nariz - 66
Hemorroidas - 79
Hepatite - 77
Hepatomegalia - 77
Hérnia de disco - 71
Hérnia de hiato - 76
Hérnia inguinal - 85
Herpes labial - 67
Hipermetropia - 65
Hipertensão - 72
Hipoglicemia - 76
Hipotensão - 73
Incontinência urinária - 86
Infertilidade feminina - 83
Infertilidade masculina - 85
Impotência - 85
Infecções pós artroplastia - 81
Infecção urinária - 86

Infecção urinaria crônica - 85
Influenza - 74
Irregularidades do fluxo menstrual - 83
Insuficiência renal aguda e crônica - 86
Lesão no cóccix - 80
Lesão na coluna - 71
Leucemia - 89
Linfomas - 90
Língua inchada - 68
Lombociatalgia - 81
Lúpus (AR like, eritematoso sistêmico) - 88
Luxações no pé - 88
Luxação do quadril - 80
Mania - 64
Mal de Alzheimer - 90
Mal de Parkinson - 90
Maxilar travado ou deslocado - 67
Melena - 79
Menopausa precoce - 83
Metrorragia - 83
Miastenia grave - 89
Mioma no útero - 82
Miopia - 65
Miotonia - 89
Não comer - 68
Não conseguir falar - 69
Nariz entupido - 66 entupimento
Nefrite - 85
Obesidade - 68
Obstrução intestinal - 78
Obstrução urinária - 86
Osteomielite - 81
Osteonecrose da cabeça do fêmur - 81
Osteoporose - 91
Otite - 70
Ovário policístico - 82
Pancreatite - 76
Perda dentária - 67
Pênfigo - 89
Perfuração intestinal - 78

Peritonite - 75
Pigarro - 69
Pleurite, pleurisia - 74
Pneumonia - 73
Policitemia - 90
Polimiosite - 89
Pressão alta - 72
Pressão baixa - 73
Prolapso de bexiga - 86
Prolapso uterino - 84
Priapismo - 85
Prostatite - 85
Prurido anal - 83
Prurido vaginal - 83
Psoríase - 89
Pterígio - 66
Queda de cabelo - 64
Radicalismo alimentar - 69
Renite - 66
Resfriado - 66
Retrocolite (ulcerativa) - 78
Rouquidão - 69
Sangramento de gengivas - 67
Sangramento intermenstrual - 83
Sem olfato, perda - 67
Síndrome do cólon irritável - 78
Síndrome da dor glútea profunda - 81
Síndrome de Dupuytren - 80
Síndrome de Guillain-Barré - 88
Síndrome do piriforme - 81
Síndrome do túnel do carpo - 79
Sinusite - 66
Surdez - 70
Tabagismo - 73
Taquicardia - 72
Tensão pré-menstrual - 83
Tireóide, problemas de - 69
Tórax dilatado - 72
Tosse - 73
Trombocitopenia - 90

Trombocitose - 90
Tuberculose - 75
Tumor, câncer, massas na cabeça- 64
Tumor na coluna - 71
Tumor na próstata - 85
Tumor ósseo na bacia - 81
Tumor ósseo no quadril - 81
Tumores renais - 86

Úlcera - 76
Uretrites gonocócicas e não gonocócicas - 87
Vaginite - 83
Varizes - 87
Vitiligo - 89
Vômito, vomitar - 68
Zumbido no ouvido - 70

OUTROS LIVROS DA AUTORA:

A Gratidão Transforma uma nova Vida em 33 dias

A Gratidão Transforma os seus Pensamentos + CD

A Gratidão Transforma a sua Vida Financeira

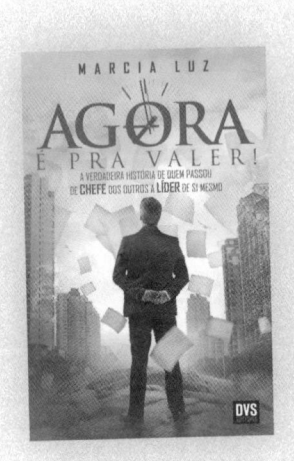

Agora é Pra Valer!

Coach da Gratidão Financeira

Coach Palestrante

**DVS
EDITORA**

www.dvseditora.com.br